O SEGREDO ESTÁ NAS PESSOAS

FOCO NO CLIENTE

Editora Appris Ltda.
1.ª Edição - Copyright© 2023 dos autores
Direitos de Edição Reservados à Editora Appris Ltda.

Nenhuma parte desta obra poderá ser utilizada indevidamente, sem estar de acordo com a Lei nº 9.610/98. Se incorreções forem encontradas, serão de exclusiva responsabilidade de seus organizadores. Foi realizado o Depósito Legal na Fundação Biblioteca Nacional, de acordo com as Leis nos 10.994, de 14/12/2004, e 12.192, de 14/01/2010.

Catalogação na Fonte
Elaborado por: Josefina A. S. Guedes
Bibliotecária CRB 9/870

M691s 2023	Modesto, Cláudio Fernandes Tavares
	O segredo está nas pessoas : foco no cliente / Cláudio Fernandes Tavares Modesto – 1. ed. – Curitiba : Appris, 2023.
	108 p. ; 21 cm.
	Inclui referências
	ISBN 978-65-250-4980-9
	1. Satisfação do consumidor. 2. Serviços ao cliente. I. Título.
	CDD – 658.812

Editora e Livraria Appris Ltda.
Av. Manoel Ribas, 2265 – Mercês
Curitiba/PR – CEP: 80810-002
Tel. (41) 3156 - 4731
www.editoraappris.com.br

Printed in Brazil
Impresso no Brasil

Cláudio Fernandes Tavares Modesto

O SEGREDO ESTÁ NAS PESSOAS

FOCO NO CLIENTE

FICHA TÉCNICA

EDITORIAL	Augusto V. de A. Coelho
	Sara C. de Andrade Coelho
COMITÊ EDITORIAL	Marli Caetano
	Andréa Barbosa Gouveia - UFPR
	Edmeire C. Pereira - UFPR
	Iraneide da Silva - UFC
	Jacques de Lima Ferreira - UP
SUPERVISOR DA PRODUÇÃO	Renata Cristina Lopes Miccelli
ASSESSORIA EDITORIAL	Nicolas da Silva Alves
REVISÃO	Débora Sauaf
PRODUÇÃO EDITORIAL	Sabrina Costa
DIAGRAMAÇÃO	Jhonny Alves dos Reis
CAPA	Eneo Lage

*Às pessoas que diariamente saem
para o trabalho com um "NÃO"
para alcançar, manter e fidelizar novos Clientes.*

AGRADECIMENTOS

Agradeço primeiramente a Deus Criador e Pai amoroso que me sustentou e permitiu conhecer pessoas maravilhosas de inteligência ímpar que cruzaram o meu caminho, me ensinando e ajudando ao longo da minha vida profissional, e que assim, pude escrever tais memórias que resultaram nesta obra, e foram muitas.

Agradeço também à escritora e palestrante Luciana Oliveira, que foi a primeira pessoa a me orientar sobre este livro. À professora e amiga Carla Borges que escreveu o prefácio e, em uma breve conversa, me deu a ideia para o complemento do nome do livro; e aos mestres que me ensinaram os macetes da Gestão da Qualidade na prática e me deram suporte quando tive a oportunidade de trabalhar com eles. Os consultores Newton Lellis Ferreira e Oswaldo Luis Misiola, que em períodos diferentes me orientaram com suas vastas experiências profissionais. E dentre tantos, destaco também um profissional que me orientou por ser meu Cliente direto de uma grande montadora e é hoje professor, o Sr. Sérgio Tanaka, bom como um Cliente Interno que me ajudou muito o Sr. Durival Copolete e por fim, faço uma menção póstuma ao Sr. Walter Camata, que foi a primeira pessoa a me falar que o Cliente é o patrão, sendo esse o tema central desta obra.

PREFÁCIO

Quando minha avó era viva, ela sempre nos dizia quando recebia visitas: "a louça deixa pra depois, vamos nos concentrar em receber bem nossa visita para ela voltar sempre!". E olha que ela era superexigente com relação à louça. Aprendi com ela que receber bem uma visita era acolher, ouvir, sorrir e fazê-la se sentir confortável.

Neste livro, o autor, de uma forma mais técnica e com ótimos exemplos, traz na prática a receita da minha avó para fazer com que o cliente (visita) sempre queira "voltar" e continuar sua fidelidade.

De uma forma exemplificada e cheia de "causos", o leitor pode navegar em exemplos de atendimento ao cliente e de suas necessidades sem fugir do que as normas e técnicas exigem.

A sensação é de que estamos em um bate-papo tranquilo entre amigos, onde o autor passa a contar suas experiências ao longo dos 30 anos de história de sua carreira, deleitando-nos com exemplos, dicas e até os próprios erros transformados em aprendizado.

Sua inspiração vem da vontade de fazer o cliente se sentir acolhido e amado, respeitado em suas necessidades, sem ferir os resultados da empresa fornecedora.

Para o autor, ouvir o cliente é um dom e precisa ser desenvolvido por cada colaborador da empresa. Segundo ele, "olho no olho é o segredo" para manter o cliente satisfeito e sua empresa no caminho do sucesso!

A ideia deste livro é ajudar a pensar "fora da caixinha", com dicas simples, mas com resultados complexos para cada um de nós!

Compreender os dados de sua empresa, os motivos de cada cliente (interno ou externo) insatisfeito e verificar a dimensão estrutural de cada ação de correção, pode contribuir para o sucesso ou fracasso de seus negócios.

É o enfrentamento, como diz o autor, de encarar o "olho no olho" e ter a coragem de mudar hábitos, processos e equipe que não esteja engajada na nova forma de ver reclamações, resultados e as melhorias a serem implantadas.

Para alguns, este livro é apenas um monte de histórias. No entanto, convido você a ler o livro com o coração aberto para perceber que, os que buscam ser a diferença em sua empresa, aqui tem dicas preciosas para enriquecer, crescer e tornar-se uma referência para seu cliente.

Aproveite este bate-papo!

Carla Borges
Empresária e professora universitária

SUMÁRIO

1
INTRODUÇÃO..13

2
QUEM É O CLIENTE?.................................15

3
O FOCO...17

4
A IMPORTÂNCIA PARA AS EMPRESAS................21

5
UMA PREOCUPAÇÃO QUE VIROU PARTE DE NORMA........23

6
PROJETO DE TRABALHO..............................27

7
OS TIPOS DE CLIENTES...............................29

8
TRABALHE DE FORMA OBJETIVA................31

9
TRABALHE PARA SUPERAR EXPECTATIVAS.......33

10
MINHA COLEÇÃO DE REVISTAS.................35

11
SATISFAÇÃO DO CLIENTE...........................47

12
POLÍTICA DA QUALIDADE...................53

13
O CLIENTE SEMPRE TEM RAZÃO?...................57

14
RECLAMAÇÃO DO CLIENTE...................61

15
COMEÇAR O TRABALHO DE BASE...................81

16
TREINAMENTO SOB A VISÃO DO COMPROMETIMENTO
DA DIREÇÃO...................85

17
OS CLIENTES JAMAIS AMARÃO SUA EMPRESA ATÉ QUE
SEUS EMPREGADOS A AMEM PRIMEIRO...................89

18
O SEU CLIENTE TEM QUE ENTENDER O SEU VALOR...................93

19
POR QUE SE PERDE UM CLIENTE?...................95

20
VOCÊ VISTO PELO SEU CLIENTE...................99

21
MINHA PRIMEIRA BICICLETA...................101

22
O RESPEITO COM O CLIENTE...................103

23
CONSIDERAÇÕES FINAIS...................105

REFERÊNCIAS...................107

1 INTRODUÇÃO

Esta obra foi concebida com base em fatos reais de minha experiência adquirida ao longo dos meus 24 anos de trabalho realizado na área de Qualidade. Por esse motivo, tratam-se de fatos reais e experiências em que logrei êxitos ao longo dessa jornada. De igual modo, também informo que este livro tem como base a norma ABNT NBR ISO 10002 Satisfação do Cliente (em vigência em 2016). E eu deixo claro que o livro não ensina a implantação dessa norma, mas sim relata fatos e informações que foram realizados com base nessa norma que beneficiaram grandemente as empresas e os colaboradores delas.

Também quero esclarecer que as empresas onde aconteceram os fatos, em sua maioria, buscavam ou já possuíam certificação de qualidade, o que significa que tecnicamente já atendiam bem os seus Clientes, mas faltava um algo a mais que as diferenciassem das demais. Foi aí que eu aprendi que fazer o que todo mundo faz ajuda a manter-se entre eles, mas fazer além do que os demais fazem e, principalmente com o mesmo custo, ou que seja com um custo justo, dá-lhe destaque e também o projeta para uma condição melhor do que a de seus concorrentes.

Foi nesse momento que o tal "foco" no Cliente entrou realmente em ação, demonstrando que não se trata de meras palavras, mas sim de atitudes dinâmicas no cotidiano da empresa onde o gestor tem um papel que exige muita força e presença de espírito, não somente na capacitação técnica, mas também na desenvoltura diária com seus companheiros de trabalho, com os fornecedores e prestadores de serviço e, principalmente, com a atenção aos seus Clientes.

Portanto, esta obra foi elaborada para compartilhar essas experiências que podem ajudá-lo a enxergar a importância desse personagem e estimular o leitor a buscar esse foco, bem como a compreender que, para qualquer empresa, essa visão ajuda a manter os Clientes existentes e a adquirir novos.

Espero que possa ajudar vocês, caros leitores, a obterem êxito, assim como eu consegui, pois não existe fórmula mágica para isso, e sim um trabalho dirigido e, como é o tema central do livro, um trabalho FOCADO.

Boa leitura.

2 QUEM É O CLIENTE?

É toda e qualquer pessoa ou empresa que somente visita ou somente procura uma empresa com interesse em adquirir produtos ou serviços no presente momento, ou para o futuro. Também um Cliente (conhecido igualmente como comprador) é geralmente usado para se referir a um atual ou potencial comprador, ou usuário dos produtos ou serviços de um indivíduo, ou organização, chamado de fornecedor ou vendedor.

Está aí a definição de Cliente, mas o que tem acontecido é que simplesmente esse personagem que é tão importante para as empresas não tem sido tratado como realmente deveria ser. Já se foi o tempo em que o empresário falava "se quiser é isso aí, caso contrário vai comprar em outro lugar, aqui quem manda sou eu".

Isso me faz lembrar de uma conversa com o dono de uma agência de empregos que me dizia que não gostava de trabalhar com uma das grandes empresas do ABC Paulista pelo motivo de que tais empresas queriam "mandar" em sua empresa. Estou falando de uma empresa de pequeno porte e que naquele momento falava com uma certa prepotência, situação que nos dias atuais não pode se dar a esse luxo, principalmente com relação a um grande Cliente.

Pois é, o Cliente na visão dos fornecedores ou vendedores (como queiram) virou com o passar dos tempos naquilo que os grandes visionários já falavam: simplesmente o grande motivo de se trabalhar, ou seja, fonte de renda e de lucro. Daí ser tão importante para a vida das empresas fornecedoras, tanto de produtos e serviços, muito embora aparentemente todos saibam de tudo isso que escrevi, não é o que realmente acontece dentro das organizações.

Tenho visto empresas que falam uma coisa e fazem o oposto e sempre com uma justificativa para seus colaboradores, até que o cliente reclama. E quando isso acontece, vão ser tomadas as medidas que muitas vezes geram tanto estresse que o arrependimento é imediato.

Desta forma, o Cliente tem que ser tratado de maneira adequada e, se possível, com algo além.

3 O FOCO

Palavra que vem do latim, que eu selecionei, dentre outras traduções, as seguintes:

1. Fazer convergir a um ponto;
2. Estar em destaque ou em discussão.

Tomei essas duas definições pelo fato de entender que são as mais próximas do tema deste livro, pois quando se trata de um personagem componente do círculo de subsistência de uma empresa, temos que saber como agir para manter os olhos fitos em quem tem tamanha importância: o Cliente. Vocês notarão que sempre escrevo essa palavra com letra maiúscula, e não é por acaso; mas sim para enfatizar a importância que há nesse personagem. Isso vai ficar claro com as experiências que tive oportunidade de participar ao longo de 24 anos trabalhando na indústria.

Então, a ideia aqui apresentada é de estar sempre com a atenção voltada para o seu ou os seus Clientes, com ações que façam-no crer que realmente está sob o ponto em que o seu olhar como fornecedor está buscando. A sensação de que o Cliente venha a ter de que está sendo o destaque em sua empresa, de uma forma constante, traz muitos benefícios para você como fornecedor, que muitas vezes não é percebido até que se venha a recebê-los. E isso pode significa não só conseguir novos negócios, mas também um aumento no conceito junto ao Cliente que realmente venha a ter a total confiança dele.

Para chegar a esse ponto, você vai ter que fazer seus esforços para obter essa conquista, pois se não há batalha, não há luta e nem vitória. Pois bem, e nesse caso, tenho visto que uma certa busca por comodidade de alguns gestores os tem impedido de realmente chegar no conceito das duas definições que lhes mostrei acima. Quando se está desenvolvendo um novo Cliente, ou quando você ingressa em uma nova empresa, o que você lê ou pesquisa sobre os Clientes? É feito pelo menos uma leitura do site relacionados a eles?

Uma vez o meu gerente havia me perguntado quais eram os códigos dos itens que nós fornecíamos para um determinado Cliente. O detalhe é que esse Cliente era simplesmente uma das maiores montadoras de nosso país!

A minha resposta foi de que eu teria que pegar a listagem dos itens, pois eram mais de seiscentos. A pergunta dele foi estratégica, não para saber se eu conhecia de forma decorada item por item, mas sim se o departamento da Qualidade, o qual era de minha responsabilidade, tinha noção do tamanho, em quantidade, que tínhamos que lidar. Isso por que ele perguntou só sobre uma montadora e, na época, trabalhávamos com três.

Retomando a nossa conversa, o Cliente tem suas necessidades e expectativas; no mundo competitivo de hoje temos que suprir as necessidades e, além de atender, temos que superar as expectativas, assim quando se tem o Cliente no centro de sua atenção, fica mais fácil de chegar a conseguir essas metas.

É aí que você deixa de ser um fornecedor para ser uma referência no ponto de vista do seu Cliente. Nós chegamos a um ponto muito bom, pois esta empresa, antes considerada um problema como fornecedor, passou a ser respeitada e consultada pelo Cliente após nosso trabalho.

Adivinhe quem o Cliente passou as cotações de novos itens quando começaram a surgir novos lançamentos?

Em outro caso, presenciei uma empresa de pequeno porte que estava bem no começo de suas atividades. Dentro do seu seguimento tinha uma prestação de serviço que era esporádica, pois bem, em uma ocasião foi prestado um serviço para uma multinacional aqui no estado de São Paulo e o serviço ficou muito bom, solucionou um problema em específico, e como se tratava de peças de montagem, acabou resolvendo um outro problema que envolvia um outro fornecedor que se deu sem custo. Foi mais para que se resolvesse a situação do momento e assim pudéssemos produzir. O serviço foi tão bem feito, a questão da montagem que saiu sem o custo foi vista, aos olhos do Cliente, como algo que não se esperava, pois a rapidez do serviço, o custo único e o não envolvimento do outro fornecedor transformou esse pequeno fornecedor em uma referência para essa multinacional. Assim, foram ganhos outros itens para se produzir, o que aumentou faturamento, e claro, toda vez que se falava naquele seguimento industrial para aquela multinacional, a referência era aquele pequeno fornecedor.

4 A IMPORTÂNCIA PARA AS EMPRESAS

Às vezes fico pensando em como as pessoas que compõem uma organização se esquecem do porquê estão ali. Tenho visto vários tipos, nos mais diferentes cargos, cuja vaidade e interesse pessoal acaba deturpando o motivo e, principalmente, o desempenho das empresas junto ao que a ela mesmo interessa, que é LUCRO.

Você já deve ter visto, ou é um privilegiado em ter como superior aquele *cara* que todos se espelham, e o veem como um profissional acima da média. Aquele que detém conhecimento e faz uso disso para tomar atitudes ótimas e salvadoras, aquele que todos com os quais trabalham gostam, respeitam e procuram aprender com ele, pois também é generoso a ponto de ensinar e multiplicar isso, transformando o desempenho de todos e fazendo os bons resultados disso chegarem ao Cliente, que vê com satisfação e retribui colocando novos pedidos e novos negócios.

Também deve ter visto ou ter tido o desgosto de ter uma pessoa que sempre fala EU antes de qualquer coisa, não se preocupa em mandar ao Cliente o produto de qualquer jeito, e quando recebe uma reclamação ou perde negócios, procura um para colocar a culpa e tudo continua como está, até que alguém toma a atitude de dispensá-lo para evitar mais prejuízos financeiros e com a equipe.

Dentro dessas duas situações, quero lhe dizer que elas podem existir em qualquer empresa. Mas independente de qual situação se encontre, saiba que uma empresa existe para ter lucro, e isso só pode existir se os Clientes quiserem comprar os produtos ou serviços prestados. E só se compra o que é útil, necessário e bom, se tiver garantias de funcionamento ou durabilidade e assistência necessária, fora outras coisas. Caso contrário, entra uma frase do Sr. Sam Walton que diz: "Só existe um chefe: o Cliente. Ele pode demitir todas as pessoas da empresa, do presidente do conselho até o faxineiro, simplesmente levando o seu dinheiro para gastar em outro lugar".

Então, Cliente satisfeito é obrigação de qualquer empresa que quer existir e ter lucro.

5 UMA PREOCUPAÇÃO QUE VIROU PARTE DE NORMA

Em meados dos anos 1990, surge com mais frequência essa expressão "Foco no Cliente". Isso que para os dias de hoje, que é algo corriqueiro nas empresas, começou com uma preocupação nas normas ISO Série 9000, que depois teve suas revisões para ISO 9001:2015. Tendo em vista a essência desse enfoque voltado para o Cliente, que até então não se dava a importância necessária, ou quando acontecia não era contemplado em todas as áreas da empresa, pode se dizer que isso acontecia e acontece hoje em dia em várias empresas, mesmo certificadas por normas de um Sistema de Qualidade como ISO 9000 ou ISO TS (que atualmente é IATF 16949), entre outras, não apresenta interesse nesse tema tão importante, afinal: sem Cliente, não tem para quem se vender produto ou serviço. Não preciso dizer que uma empresa que se comporta dessa maneira vai ter sérios problemas para si mesma e, principalmente, para seus Clientes que serão mal atendidos e, certamente, vão procurar desenvolver novo fornecedor.

As grandes montadoras quando desenvolveram a norma chamada inicialmente de QS e posteriormente de TS (ISO TS 16949 e agora IATF 16949) sinalizavam claramente a preocupação de que seus fornecedores precisavam melhorar o atendimento aos seus Clientes (no caso as montadoras). Certa vez, participei de uma série de reuniões e treinamentos em uma dessas montadoras do ABC Paulista, que tinha como enfoque ajudar o fornecedor a melhorar em todos os sentidos os seus produtos, desde a compra da matéria-prima, até a entrega em suas dependências, ou em outras palavras estava dizendo "*atenda-me melhor*". E como não só essa montadora, mas as demais também, nos entregavam os chamados *Requisitos específicos do Cliente*, ou seja, além das normas já existentes, as montadoras ainda tinham o cuidado de elaborar documentos e procedimentos, entre outros documentos, que acabavam surgindo para sanar um problema que era criado em função do que os fornecedores se preocupavam, ou seja, com várias outras atividades importantíssimas e deixavam de dar a devida atenção ao Cliente.

Vejam que não estou afirmando que os fornecedores estão deixando de atender o Cliente, porém o que estou sendo categórico é em deixar claro que os fornecedores, em sua grande parte, deixam de atender o Cliente como ele espera ser atendido. E voltando ao setor automotivo, como sendo um dos mais exigentes, vemos sempre o desespero, principalmente dos gestores do departamento de Qualidade do fornecedor em atender os requisitos, normas e reclamações, que por vezes são oriundas de um atendimento inadequado em que o Cliente se vê obrigado a abrir um desvio para aceitar as peças sem oferecer prejuízos ao produto final; cujo Cliente são pessoas comuns que se estiverem insatisfeitas vão procurar um carro de outra marca, ou se comprarem, podem se sentir lesados de maneira a acionar os órgãos de defesa do consumidor, que por sua vez também é amparado por lei. Então, manter foco no Cliente, também tem amparo por lei, não apenas em normas criadas pelos Clientes, mas por lei assegurada pelo Estado.

E continuando a falar em norma, vamos tomar como base a ISO 9001:2008, em que vemos a preocupação em atender o Cliente pulverizada por vários itens dessa norma. Para se ter uma ideia, a palavra Cliente ou Clientes aparecem trinta e duas vezes na norma, desde a introdução na seção *0.2 Abordagem de processo*, até a seção *8.5.2 Ação corretiva*.

Na seção *0.2 Abordagem de processo* nós vemos uma figura sintetizando um sistema de gestão da Qualidade baseado em processo, e deixa bem claro a presença do Cliente, tanto no início como no fim do processo. Essa visão mostra a preocupação com o Cliente que, além de mencionar por várias vezes por toda a norma, também tem uma seção só para o Cliente denominada simplesmente como "Foco no Cliente", que está na seção 5.2 da norma ABNT NBR ISO 9001:2008.

6 PROJETO DE TRABALHO

Como já foi apresentada a importância deste assunto, quero deixar registrado que o tratamento não deve ser de uma forma simplória. Ao contrário do que se imagina, eu ressalto a grande necessidade de se ter um olhar bastante sério e, portanto, sugiro que mesmo que já tenha um sistema de gestão da Qualidade que automaticamente já tem uma preocupação com a satisfação do Cliente, repense sobre essa necessidade.

E para isso, oriento você que dentro de sua empresa realize um projeto de tratamento de reclamações de Clientes que venha a ser *eficiente* no atendimento e atenção de se ouvir e responder as reclamações, e *eficaz* nas ações que resultem em sanar os problemas que originaram as reclamações de maneira que os mesmos não voltem a aparecer novamente.

Para isso, esse projeto tem que ser bem planejado, levando em consideração todas as possibilidades de sua ernpresa, bem como a participação de todos, a começar pela Alta direção. Tenha em vista que o objetivo de tal projeto é garantir a satisfação de seus Clientes externos e a fidelização dos mesmos, aí vale aquela máxima "Cliente satisfeito sempre volta", o que é uma grande verdade.

Portanto, você tem que ter em seu projeto um conjunto de atividades que serão executadas, o que vai demandar a utilização de recursos, tanto financeiro como material, inclusive o humano, para se atingir objetivos mensuráveis, ou seja, vão ter que ser apresentados em forma de números. Mas fique tranquilo, pois como já falamos, uma empresa vive de lucro, e com números sempre fica mais fácil saber qual é a real situação e quanto será necessário para que se atinjam as metas. Esse projeto também tem que fazer parte da política de sua empresa, e toda vez que houver auditoria interna de sistema, esse trabalho tem que entrar no relatório.

Então, veja que além de aumentar a satisfação e fidelização de seus Clientes externos, você vai melhorar um quesito importante para seu sistema de gestão da Qualidade. Uma dica é que você converse com seus superiores e deixe muito claro sobre a importância de treinamento para o pessoal.

7 OS TIPOS DE CLIENTES

Levando em consideração, a palavra Cliente é qualquer um que adquire um bem ou serviço, certo? Certo. Porém, quero transmitir uma visão um tanto diferente, começando com uma colocação que aprendi logo no início dos anos 2000, "**o Cliente é o nosso patrão**". Essa frase me foi dita pelo gerente industrial da empresa em que eu trabalhava na época, e eu havia sido contratado por ele para corrigir o sistema de Qualidade, e assim, melhorar a nossa imagem dentro das montadoras de que éramos fornecedores e poder voltar a participar de novos negócios. Eu gostei da colocação e procurei formas de adequar a minha filosofia para trabalhar a ideia.

Em relação ao sistema de Qualidade, teríamos que migrar da antiga norma QS 9000 para a ISO TS/16949, o que deu relativo trabalho, e como disse o nosso consultor na época, eram duas engrenagens diferentes que teriam que se unir, e conseguimos fazer a transição. Já reconquistar a confiança de nossos Clientes... ah, isso deu trabalho, pois haviam alguns anos de comodismo e desleixo no tratamento com os Clientes que chegou a um ponto insustentável.

Porém, nosso gerente em uma conversa comigo após uma das primeiras reuniões com nosso Cliente, deixou-me à vontade para trabalhar o conceito junto a todos os nossos outros Clientes, mas especificamente com as duas montadoras em que a coisa estava complicada. Foi a partir daí que comecei a desenvolver esse conceito que foi dando certo; conseguimos reverter a situação e pudemos assim, participar de novos negócios, não só para estas, mas também as demais montadoras e sistemistas (empresas que fornecem conjuntos montados para as montadoras). Assim, passamos a estar bem vistos junto a todos os nossos Clientes.

8 TRABALHE DE FORMA OBJETIVA

Eu sempre fui adepto da simplificação para a resolução de problemas, e uma das coisas que aprendi com a vida corporativa é que, se não for para um corpo técnico ou para a engenharia propriamente dita, que necessita de relatórios mais elaborados com linguajar mais próprio e técnico, o melhor e mais rápido é você simplificar tudo para que os envolvidos possam enxergar o que é "Foco no Cliente" e que é preciso conhecer sua necessidade, entendê-la e aplicá-la.

Não tem jeito, o que O Cliente quer é ser bem atendido, não é? O problema é que por mais claro e óbvio que isso seja, na maioria das vezes não é isso o que acontece, e se você que é o responsável por essa atividade, seja como gestor da Qualidade, responsável pela área comercial, ou qualquer área que tenha relação com o Cliente, precisa garantir que ele tenha suas necessidades atendidas.

E por que eu digo que você tem que garantir a satisfação do Cliente? Pura e simplesmente porque tenho certeza, por experiência própria, de que todos vão lhe responsabilizar caso o Cliente faça uma reclamação, ninguém vai entender, principalmente seus superiores.

9 TRABALHE PARA SUPERAR EXPECTATIVAS

Então faça melhor. E como é que se faz isso? Muito simples!

Trabalhe para atingir resultados acima das expectativas, sim esse é o início desta filosofia. Quando falo que o Cliente é o nosso patrão, estou colocando uma situação de termos que atendê-lo ao ponto de esperar sermos recompensados por isso, e concentrando o esforço afim de superar o que foi solicitado, automaticamente você garante o básico necessário, e ao término do serviço, o resultado aparece com excelência. Perceba que estou falando de VOCÊ, e isso tem que ter início dentro de você.

Algum tempo atrás comecei a treinar a arte marcial do Muay Thai, e tudo começou quando tive que levar meus filhos nos treinos. Depois disso percebi que poderia praticar também e, como os horários eram diferentes, passei a participar de treinos na semana inteira com o mesmo professor. Uma coisa me chamou a atenção durante esse período, o professor sempre estava entusiasmado, tanto nas aulas das sete horas da manhã, como nas aulas das oito da noite, e era o mesmo professor! Ele motivava e dava o exemplo para seus alunos, deixando claro o que ia cobrar depois. Ele parecia incansável!

Com isso quero lhe dizer que tem que começar em você, tal qual o professor de Muay Thai, você tem que tomar a iniciativa e automotivar, o que demanda um esforço enorme, e motivar os outros colaboradores, independentemente da posição, cargo ou função que venha exercer. E, lembre-se que dando o primeiro passo, basta manter-se firme que os resultados vão aparecer.

Use sua criatividade, busque informações em leituras especializadas, participe de reuniões especializadas no assunto, treinamentos - alguns gratuitos como os do SEBRAE, FIESP, associações comerciais etc. Aqui abro parênteses para um exemplo que fica como dica sobre leituras especializadas.

10 MINHA COLEÇÃO DE REVISTAS

No início dos anos 2000, comecei a comprar algumas revistas mensais que tratavam do mundo corporativo, uma delas era especificamente da área da gestão da Qualidade, e acabei construindo uma pequena coleção. É lógico que essas publicações mensais tendem a ser de produção em uma forma quase industrial, então quem as lê, tem que filtrar bem, pois as informações podem ser meio irrelevantes, sendo em alguns casos até errôneas, por isso cultivei o hábito de ter bastante atenção para as reportagens. Eu não só lia como estudava aquelas reportagens que me chamavam a atenção, não só por serem ligadas aos assuntos que faziam parte do dia a dia, como algumas que traziam assuntos variados e se tornavam ótimas ideias.

Uma dessas reportagens que me marcou tinha como tema um assunto que para a maioria das pessoas é chato, que são as REUNIÕES. Era até um artigo pequeno, mas falava de alguns tipos de reuniões e suas necessidades. Eu li atentamente e comecei a fazer algo muito importante, que é PENSAR A RESPEITO para atender as minhas necessidades. Eu quero lhe dizer que desenvolvi dentro de mim uma sistemática para programar minhas reuniões que deram tão certo que, após isso, por todas as empresas que passei, fiz das reuniões encontros proveitosos que meus superiores ficaram muito satisfeitos com o rendimento e aproveitamento do tempo, bem como os resultados apresentados. E dessa mesma forma, você pode fazer com treinamentos, palestras etc. E sempre ouça profissionais experientes, não só em sua área, mas de outros setores também. Aliás, aqui cabe uma outra dica:

- ## Observe as pessoas do grupo

Uma vez eu li que ninguém é tão ruim que não tenha nada a ensinar, e isso tem uma certa verdade. Observe com olhos críticos as ações das pessoas que trabalham na mesma empresa, mesmo porque se ela está lá, foi colocada por algum motivo. Eu sei que no ambiente corporativo sempre têm as pessoas que ajudam, outras não ajudam e nem atrapalham, e as que atrapalham. Mas vou dizer algo bom para seus ouvidos... isso tem em todo lugar, depende de como se vê, basta ter um grupo com alguns membros e lá você pode encontrar esses tipos de pessoas. Aqui vai uma dica óbvia, ouça aquelas pessoas que você admira e sabe que são ajudadoras, mas tenha sabedoria para ouvir as críticas daquelas que pensam de outra forma e tire proveito disso. E agora cito outra arte marcial: o Judô. Essa arte marcial tem como base você transformar a energia do movimento do seu oponente a seu favor. Veja no exemplo abaixo como eu fiz isso.

Vou lhe contar um fato que ocorreu comigo: nós já estávamos próximos da auditoria de certificação, os trabalhos estavam intensos, eu cheguei a entrar na sala de treinamentos por volta das nove horas da manhã e sair nove e trinta da noite, pois tinha que passar o treinamento também para os colaboradores do segundo e terceiro turno. E isso ocorria porque os recursos eram poucos, a equipe de colaboradores era enxuta e tínhamos que resolver muitos problemas. Em meio a essa luta, em uma bela manhã, um desses colaboradores descompromissados com a empresa e que estava no time do "contra", me encontrou em um dos corredores e me disse: "Cláudio, você acha mesmo que vai conseguir?! Eu olhei para ele e respondi de forma firme e enfática: "É claro que sim!". Achei um absurdo que, no meio de tanto trabalho, uma pessoa de um departamento próximo ao meu, do qual eu dependia de documentos, informações e ações viesse me questionar sobre isso.

Dirigi-me para a minha sala e fiquei pensando sobre o fato, e é lógico que o meu sangue estava quente, a vontade de torcer o pescoço daquele indivíduo era muito grande, mas nessa hora entrou um pensamento bíblico que está no livro de Provérbios 15, 1: "A resposta branda desvia o furor, mas a palavra dura suscita a ira". Após pensar um pouco, escrevi uma pequena parábola baseada em uma história dessas que se ouvem em palestras motivacionais, que em resumo dizia mais ou menos assim: "Em uma pequena marcenaria, um grupo de ferramentas disputavam entre si qual delas é mais importante, depois de muito bate-boca e exemplos fúteis, entrou o marceneiro, e utilizando uma a uma das ferramentas de forma ordenada, fez um lindo móvel para uma sala de estar".

Apresentei primeiramente ao meu gerente que gostou e, em seguida, autorizou que a colocássemos nos quadros de aviso de toda empresa para que todos pudessem ver. Para minha surpresa, a mensagem atingiu a todos de tal forma, que a maioria dos colaboradores entenderam que para que pudéssemos concluir o projeto de recertificação e garantir os nossos empregos, teríamos que trabalhar juntos obedecendo aos comandos e determinações, deixando de lado as diferenças.

Veja que uma colocação com má intenção e desafiadora proferida por uma pessoa que pretendia ofender, desanimar, enfim, prejudicar o projeto, foi transformada em impulso positivo e motivador.

- **Conheça a necessidade de seus Clientes**

Então, se você tem responsabilidade por um grupo de colaboradores, designe um colaborador específico para cuidar de um ou de alguns Clientes a ponto de se antecipar aos fatos e buscar conhecer o que o Cliente está necessitando, pensando ou sentindo. Para isso não tem segredo, é entrar em contato diário por telefone, e-mail, redes sociais ou de qualquer modo para que você possa saber como está seu produto ou serviço para com os seus Clientes. Ah, e não se esqueça das visitas técnicas que, quando realizadas, aproximam muito, pois nos dias em que o atendimento eletrônico faz presença diretamente em nossa vida secular, o famoso "olho no olho" faz a diferença.

Eu gosto de aproveitar o dito popular "Os bois engordam aos olhos do dono", nesse caso, **aconselho você** a fazer marcação cerrada a todos os seus Clientes, sem intermediários. E aqui coloco outro caso que vivenciei. Em uma ocasião em que trabalhei numa empresa de minha cidade, eu tinha por hábito fazer o feedback com os meus Clientes diariamente. Tinha minha agenda de visitas e procurava manter essas atividades dentro de uma regularidade prevista. O negócio dá tão certo que os Clientes nos relatavam que o nosso atendimento os fazia se sentir tão bem que pareciam fazer parte de nossa empresa.

Era evidente que nós, como todas as empresas, sabíamos de nossas falhas e deficiências. Mas, em um belo dia fui chamado na diretoria e fui informado que estava sendo dispensado: "...você cultivou inimigos entre nossos Clientes...", disse o gerente geral. Não acreditei, pois eu conversava com os meus Clientes com frequência. Peguei as minhas coisas e segui o meu caminho, muito triste e irritado, pois eu me dedicava muito. Além do que, ninguém fica contente por perder o emprego. Passados dois dias, comecei a receber ligações, dos agora antigos Clientes, perguntando o que havia acontecido, pois eles também não viam motivo para o ocorrido.

Três anos após o fato, encontrei um colega de supervisão da antiga empresa, que cabisbaixo me falou que eu tinha recebido um "puxão de tapete" e que ele também havia participado. Na hora eu não dei muita importância, mas um tempo depois caiu a ficha. Fiquei com raiva, mas logo passou, pois achei melhor não dar tanta importância ao fato. Então, peguei aquele outro versículo bíblico, citado no livro de Romanos 12, 14: "Abençoai os que vos perseguem, abençoai e não os amaldiçoeis". Aí segui o meu caminho, mesmo porque, logo após aquela demissão, eu fui indicado para vagas em outras empresas exatamente pelos Clientes que eu tinha o cuidado de me comunicar diariamente, o que deixou claro que o tal "puxão de tapete" existiu realmente, pois se eu tivesse cultivado inimigos entre meus Clientes, jamais haveria a preocupação deles em me recolocarem no mercado. Veja que a atitude de ter Foco no Cliente lhe dá como resultado benefícios, independentemente de onde você estiver trabalhando, e no meu caso, me ajudaram a me recolocar no mercado de trabalho.

Levando em consideração a importância do Cliente a ponto de compará-lo ao patrão, vi que essa filosofia poderia ser mais ampla e mais eficaz se a trouxesse para dentro da empresa.

Dessa forma classificamos dois tipos de Clientes, a saber:

O Cliente Final

Vamos imaginar que você vai comprar um bombom, então você se dirige a uma bomboniere ou qualquer estabelecimento comercial que venda esse produto, escolhe qual o bombom desejado e efetua a compra. A partir do momento que você compra o seu bombom, você é um Cliente daquele estabelecimento, certo? Sim, você está certo, você é o Cliente, e se o bombom estiver dentro de suas condições ideais, que você deseja, você não é apenas um Cliente, mas sim um Cliente SATISFEITO.

Pois é, esse é o Cliente final, que adquire o produto completo e acabado pronto para ser consumido e/ou utilizado, enfim, é em geral as pessoas que compram os bens de consumo ou serviços. É verdade que você vai ter uma curva ABC com seus Clientes finais, onde você tem como o Cliente "A" aquele que compra um bom volume de produtos, paga em dia, pois tem uma saúde financeira boa e raramente lhe dá problemas, tirando o pedido que é sempre para ontem, está tudo dentro do esperado, é o chamado de "vaca leiteira".

O Cliente "B" é aquele que já não compra tanto, mas tem uma saúde financeira boa e também não lhe causa muitos problemas, de vez em quando lhe solicita alguns pequenos milagres, mas nada fora do comum. Já o Cliente "C", é aquele que tem a saúde financeira bagunçada, os pedidos são picados, sempre você tem que dar um jeito, pois caso contrário, ele vai parar a linha de montagem de seu próprio Cliente, os pagamentos sempre estarão em atraso, mas ele paga e é seu Cliente.

Pois bem, ser for assim você chuta o Cliente "C", tolera o "B" e paparica o "A", certo? Errado. Eu vi várias empresas se revezarem nessas três letras que parece até mentira. Basta ver noticiário de economia nos telejornais contando como grandes empresários, que antes aparecem em revistas especializadas em finanças como novos gurus e seguidos por inúmeras pessoas, perdem suas empresas, tem seus bens penhorados, entre outras situações complicadas.

Um tempo atrás, durante uma conversa com um empresário, que além de amigo, eu estava dando uma assessoria a área de Qualidade, ouvi com um tom de desabafo a seguinte expressão "eu preferi focar nos grandes e deixei os pequenos de lado...", ele estava falando que na crise, os Clientes dele que eram empresas de médio a grande porte e simplesmente cortaram pedidos, atrasaram pagamentos, e ele passou a tocar a empresa com os pequeninos, ou seja, com os que no início eram o Cliente "C". E como sabemos, não é somente crise econômica do país que transforma o Cliente "A" em "C", também incompetência administrativa, brigas pelo poder de comandar, desentendimentos entre os gestores etc.

Só para citar um caso que acompanhei, conheci uma empresa multinacional que o intuito do acionista majoritário era de quebrá-la para adquirir a massa falida. Então, imagine como ficaram os fornecedores desse Cliente. Fora isso, também as empresas têm seus planos, por exemplo, grandes empresas da região de Campinas mudaram de estado, e assim desenvolveram novos fornecedores no local onde se fixaram, foi algo estratégico, mas alguém perdeu seus Clientes "A".

Continuando essa explanação sobre o Cliente final, digo a você que além de empresas, o Cliente Final são as pessoas que compram os veículos, as roupas, os produtos de higiene, eletroeletrônicos, alimentícios, serviços de telefonia ou de segurança, ou seja, o Cliente Final é VOCÊ. Sim, você mesmo que trabalha na indústria, comercio, agricultura etc.

Portanto, vale lembrar aquele ditado popular que diz "Não faça aos outros o que você não gostaria que fizessem a você". Pois é, se você vai comprar um carro zero, não vai querer que ele lhe dê problemas, você vai querer colocar gasolina e andar com ele, não é? Imagine quantos profissionais, desde o mais alto escalão da montadora, até os operários de chão de fábrica, também estão pensando da mesma forma que você, e em você como O Cliente.

Eu afirmo isso porque eu vi, fui cobrado e treinado por essa preocupação e como as normas dizem isso. Eu como gestor da Qualidade, passei os últimos vinte e cinco anos trabalhando com isso. E você me pergunta como todo esse povo pensa isso? Simples: com treinamentos e mais treinamentos, com pesquisa de satisfação de Clientes, enfim, com muito trabalho. Dias atrás eu vi um vídeo na internet que mostrava uma pessoa totalmente insatisfeita com seu carro (que tratava-se de um modelo novo), a tal ponto de adesivá-lo inteiro com palavrões e coisas do gênero. Ou seja, o Cliente final manifestando-se diante de um produto que não o satisfez.

Para ficar claro, o que quero dizer é que se você tem ou trabalha em uma metalúrgica que fornece para alguma montadora, ou uma pequena confecção que entrega peças de roupas para alguma grife, ou de repente a empresa faz envase de produtos de limpeza para uma multinacional do setor, entre outras atividades, o produto vai para o mercado e as pessoas comuns vão adquirir como bens de consumo, de maneira que você pode ter a certeza de que o fruto do seu trabalho, ou o produto que cada funcionário das empresas acima exemplificadas vai ser desfrutado por qualquer pessoa interessada em adquirir o produto final.

Dessa maneira, fica o alerta para que os funcionários estejam prontos e treinados para realizar todos os processos em todas as etapas de fabricação de acordo com o especificado, pois se fizerem uma "bela porcaria", você mesmo pode ser lesado, sem contar que quando se trata de um fornecedor, tem por exemplo, uma certificação ISO 9001, a rastreabilidade dos itens produzidos, que é geralmente aquele monte de números que aparentemente não servem para nada, podem informar quem, como e onde foi fabricado, além de outras informações.

O Cliente interno

Agora quero mostrar que o Cliente não é só as grandes empresas e multinacionais, bem como as pessoas que adquirem os produtos, mas temos dentro de nossas empresas o Cliente interno.

Voltando a falar do bombom, imagine que antes de você comprar o seu bombom e saboreá-lo, ele teve que ser feito, então a doceira teve que processar os ingredientes e passar por várias etapas para ficar pronto. Se o caso for uma pessoa que faça esse bombom de maneira caseira ou artesanal, trata-se de apenas uma pessoa, mas as etapas de fabricação são diferentes. Mas, se for uma empresa de um certo porte, podem ter funcionários diferentes para ficar pronto e após ser exposto na vitrine a fim de que alguém o compre.

Então, a doceria tem que comprar os ingredientes, e para isso, aciona o comprador que adquire os ingredientes, e os mesmos são inspecionados ao chegarem na doceria. Se estiverem ok, vão para o estoque e em seguida o programador orienta a produção sobre quantos bombons de cada tipo tem para serem feitos e, uma vez com essa informação, a produção prepara a massa, recheia, embala e manda à vitrine para serem vendidos.

Vamos exercitar vendo a sequência para assim identificar os Clientes interno.

O Cliente interno do comprador é quem lhe solicitou a compra dos ingredientes e materiais, como papel para a embalagem, chocolate em pó, açúcar, gordura hidrogenada etc. Geralmente, essa pessoa faz parte do departamento chamado de PCP.

Todo esse material, ao chegar, é recebido e alguém verifica para saber se estão de acordo com o que foi solicitado. Esse alguém é um inspetor que tem o estoque como Cliente e se os ingredientes não estiverem OK, devem ser devolvidos aos fornecedores. O estoque tem como Cliente a produção, aí você pergunta e o programador? O programador também tem como Cliente a produção, nós não estamos fazendo um simples fluxograma, mas identificando quem é Cliente de quem nessa cadeia produtiva, e pode haver mais de um fornecedor. Na sequência, a produção tem como Cliente a vitrine de vendas, onde os bombons vão ficar expostos aguardando o Cliente final que vai consumir o produto.

Quero apresentar outro exemplo: em uma linha de montagem nós temos o almoxarifado de peças que tem como Cliente as seções de trabalho, então ele envia as chapas às guilhotinas na seção de corte, de maneira que o funcionário tem que saber as dimensões e o material das chapas para que, uma vez cortadas nas dimensões corretas, são enviadas para o setor de estamparia, que por sua vez vai conformar as chapas. O operador da prensa é o Cliente do almoxarifado, se a filosofia de que o Cliente é o patrão estiver sendo utilizada, o operador da prensa vai trabalhar com mais rapidez de forma a produzir mais, pois vai receber o material correto, colocar as peças na máquina, saber quantas peças vai produzir e estimar o tempo de produção.

Assim que o prensista estampa e, portanto, realiza a conformação da peça, aquelas chapas cortadas já possuem uma forma determinada em desenho técnico, não são apenas "latas amassadas" como alguns pensam, e elas vão para o próximo Cliente interno que é o setor de solda, que precisa ter o formato de cada peça de acordo com o desenho, pois o soldador vai encaixar aquela peça em outra para ali fazer a soldagem.

Aproveito para dizer que em uma ocasião, por causa de míseros três graus em nossas peças, pois o nosso Cliente enviava as peças por nós produzidas para lá onde houve a reclamação, fui parar na Argentina, às pressas, com um lote de peças em minha mala, correndo risco de ter problemas no aeroporto, enfim... não são boas recordações, mas se o nosso operador tivesse um pouquinho de atenção, esses gastos e transtornos não aconteceriam.

Mas voltando a falar da soldagem, uma vez realizados os pontos e cordões de solda, as peças se tornam um conjunto de peças montado e é encaminhado para o setor de expedição para ser embalado, protegido, identificado e pronto para ser enviado para o Cliente.

Agora abro um parêntese para colocar uma observação: não sei se você já trabalhou em uma linha de produção, mas se tem uma coisa chata é você estar trabalhando e o serviço não render. O profissional fica irritado a ponto de chegar a se estressar. E, a partir daí, os outros profissionais envolvidos nesse processo que são mão de obra indireta, como o departamento de vendas, a chefia, o pessoal do PCP, o pessoal do setor da Qualidade, também acabam sendo prejudicados, e por conta disso, também se irritam.

Sem contar que existem casos onde esses setores têm contatos direto com o Cliente externo, de maneira que as cobranças por peças são iniciadas em outro patamar, causando aquelas reuniões calorosas em que ninguém ganha. É onde se começa a causar problemas não só no interno, mas pode chegar até o Cliente final. Então, você pode perceber que ter "Foco no Cliente" começa dentro da empresa com seu Cliente interno e, se isso não for corrigido, pode se tornar sistêmico e o Cliente final acaba tendo problemas que podem gerar desde multas até quebra de contrato. O prejuízo certeiro fora os desgastes que promovem um clima muito ruim dentro da empresa. Já vi casos em que a empresa perde excelentes colaboradores por esse motivo.

Se você mantiver o Foco no Cliente (a começar pelo Cliente interno), aí vamos relembrar uma frase mencionada no capítulo anterior: "[...] mas sim um Cliente SATISFEITO...", pois é exatamente isso que o tal Foco no Cliente tem por objetivo.

Comunicação interna

Antes de irmos para o próximo assunto, quero chamar a sua atenção sobre um detalhe.

Nós falamos de Cliente Interno e Cliente Final, porém um fator que une esses elementos é a comunicação. Muito embora seja assunto para outro livro, eu vou deixar aqui um exemplo entre Clientes internos que afetaram diretamente o Cliente Final.

Isso se deu quando trabalhei em uma indústria familiar, porém com parte dos proprietários de outra nacionalidade, cujo idioma era o espanhol. No caso, os Clientes Internos eram eu e o meu diretor. Como já tenho o costume, eu já tinha uma planilha na qual eu gerenciava os prazos para as ações a serem tomadas, pois a quantidade de produtos era enorme e tínhamos prazos para validações e prestação de satisfações a organismos como Anvisa, Polícia Federal, Ipem, entre outros.

O meu diretor sabia da importância desses prazos e me cobrava constantemente, só que como ele não sabia falar em português "Cronograma de Ações", que era o título daquela minha planilha, ele sempre me perguntava pela "agenda", simples assim. Até eu interpretar que agenda era o nome que ele deu para a minha planilha, aconteceram vários desconfortos em reuniões e principalmente em algumas cobranças que nossos Clientes finais faziam ao diretor.

Até que em um belo dia, ao mostrar alguns documentos em uma reunião, ele viu uma cópia da minha planilha e me falou que pelo fato de não saber como era a pronúncia em português, ele chamava aquilo de agenda. Mas tirando o problema do idioma, passei a observar que mesmo falando o bom português, ainda sim encontramos dificuldades em haver entendimento entre os Clientes interno, e muitas vezes com o Cliente Final também.

Portanto, fica como dica procurar manter uma boa comunicação empresarial, a fim de evitar transtornos desnecessários.

11 SATISFAÇÃO DO CLIENTE

Como definimos a tal Satisfação do Cliente?

Segundo a norma ABNT NBR 10002/2010 "é a percepção do Cliente do grau em que seus requisitos foram atendidos.". Ou seja, o produto que você entregou a uma empresa ou comprador qualquer, ou um serviço feito por você que pode ter sido feito dentro de uma empresa de grande, médio, ou pequeno porte, ou até mesmo feito na casa da dona Maria, tem que estar dentro daquilo que o Cliente solicitou. Assim, quanto mais diferente está do que o Cliente solicitou, mais insatisfeito fica o Cliente.

Agora continuando nesse assunto e retomando o raciocínio anterior dos tipos de Clientes, você percebe que falamos primeiro do Cliente Final e depois dos Clientes Internos, e veja que no fim, as ações tomadas contribuem para o mesmo objetivo que é a "Satisfação do Cliente", que se trata de uma frase muito utilizada por nós gestores da Qualidade.

Inclusive, aproveito para dizer que a maioria das políticas da Qualidade que tenho visto, essa frase é muito comum, e na seção 8 no item 8.2.1, a norma ISO 9001/2008 menciona que a Satisfação do Cliente seja monitorada e medida para saber se os requisitos do Cliente estão sendo atendidos.

Ora, é óbvio que isso se explica pela velha lei do comércio, se você não é bem atendido com um fornecedor, você simplesmente vai procurar outro. Certa ocasião ouvi de um funcionário de uma empresa a seguinte fala: "... é sem cabimento, eu ficar apertando a campainha e chamando no portão por mais de vinte minutos e ninguém me atender...", um tempo depois eu ouvi o fornecedor dessa empresa, que agiu dessa maneira, admirado pelo seguinte: "... ele me disse que foi procurar outro fornecedor fora da cidade, e agora é bem tratado".

Com essa história, dá para se ter a noção de como estava a satisfação desse Cliente, e é por isso que esse assunto faz parte de uma seção da norma. Se um Cliente está satisfeito ele retorna, coloca novos pedidos, indica novos Clientes, enfim, você pode contar com entrada de dinheiro. Volto a falar de "O Cliente é o nosso Patrão", pura e simplesmente é ele quem faz a entrada de dinheiro na empresa

Satisfação só por escrito?

Atualmente é comum ver em empresas, principalmente quando são certificadas, na sua política da Qualidade a frase do tipo "... manter a satisfação do Cliente...". O que tenho visto é somente uma preocupação em deixar registrado em quadros e cartazes, porém apresentam um tremendo desleixo com a real satisfação do Cliente.

Conheci uma empresa que possuía um cartaz falando sobre a responsabilidade da satisfação do Cliente, porém esse cartaz ficou anos pendurado fora de nível (inclinado) sem que ninguém se preocupasse em pelo menos colocá-lo na posição correta, ou seja, era apenas um cartaz. Você pode argumentar, mas apesar desse erro visual, a empresa pode ter a preocupação em satisfazer os Clientes? É claro que pode! Porém, como você quer demonstrar isso para os seus colaboradores e seus Clientes se na apresentação dentro da empresa essa ideia já está comprometida?

Vemos claramente que quando as coisas estão bem, sem reclamações de Cliente, ou quando não é época de auditorias ou algo parecido, o que se é cobrado não é nada além da produção ou da prestação do serviço para a geração de receita, e essa preocupação com faturamento não está errada. Mas se não houver um gestor da Qualidade comprometido, que sempre tenha pulso firme para alertar a direção e os demais colaboradores sobre o que é realmente a satisfação do Cliente, tudo não passa de frases escritas.

Primeiro os colaboradores têm que se conscientizar de que os procedimentos precisam ser aplicados no ato da execução de cada etapa do processo produtivo ou da prestação do serviço, pois o seu Cliente interno vai ser bem atendido e por consequência, vai ficar satisfeito. E isso acontecendo em todas as etapas do processo, o Cliente final vai ficar satisfeito, e para que isso não fique apenas no papel (quadros e cartazes) é necessário que se tenha uma visão ampla da satisfação do Cliente, e isso depende de treinamentos programados constantemente e exercitados no dia a dia da organização.

Aí volto ao cartaz empoeirado. Quando você demonstra o zelo por algo, chama a atenção pelo cuidado que você tem com aquilo, e tendo como objetivo passar uma mensagem, toda vez que há uma preocupação com uma simples limpeza, naturalmente se reforça a mensagem daquele cartaz. Inconscientemente você faz com que as pessoas notem aquela mensagem. Não estou dizendo que todo lugar, as informações com cartazes são lugares bagunçados, sujos etc., mas aqui a preocupação central é com que a satisfação do Cliente realmente não fique apenas escrita, mas sim praticada, porque as empresas têm mecanismos muito bons para atender esse quesito, porém é notável como os Clientes reclamam desse assunto.

Trabalhei com grandes montadoras e era comum reuniões mensais para avaliação do nosso desempenho, e por meio de gráficos, nos eram apresentados como estava o nível de satisfação do Cliente em relação a nós, os fornecedores. Em uma dessas reuniões, ao apresentar as minhas considerações e justificativas, achei um tanto corriqueiro as mesmas perguntas, os mesmos termos sobre assuntos e problemas já sabidos, até que um dia os papéis se inverteram, aí eu comecei a entender o motivo da tal satisfação do Cliente.

Fui trabalhar em uma empresa na qual éramos os donos dos projetos e comprávamos os conjuntos e as peças fundidas, ficando praticamente por nossa conta os ajustes e a montagem. Foi aí que entendi o que é precisar ter fornecedores que tenham realmente o FOCO no Cliente.

Geralmente nós temos a visão do fornecedor, sabemos das necessidades que as normas nos obrigam a cumprir, os gestores da Qualidade sempre estão atentos, as normas são revisadas etc. Porém, se tudo isso não gerar uma consciência no operador da máquina, no embalador ou qualquer outro tipo de colaborador no processo produtivo, em entender e buscar a satisfação do Cliente, sinto muito, mas serão apenas frases escritas em quadros ou cartazes. Tem que ser uma preocupação em todos os níveis da empresa.

Por várias vezes, eu, literalmente, vi um operador de máquina querer fazer o trabalho correto, realmente buscando a satisfação do Cliente e ser barrado pelo encarregado que argumentava ter ordens superiores expressas para burlar procedimento. Algumas vezes era do diretor, outras do patrão, e pasmem, que era determinação do Cliente.

Entrei em batalhas homéricas com gerentes, que sempre acabava na sala do diretor. E por que esse desgaste? Porque eu sabia que o material iria chegar ao Cliente, que por sua vez, me comunicaria sobre o fato exigindo a correção do problema, demeritando-nos como fornecedores, além de outras possíveis penalidades dependendo do Cliente.

Sempre é o responsável pela Qualidade que tem que dar "as caras" ao Cliente, levar as causas e as soluções, e

O SEGREDO ESTÁ NAS PESSOAS: FOCO NO CLIENTE

também garantir que o problema não ocorrerá novamente, ou seja, fazer uma ponte entre o Cliente e o Fornecedor, a fim de que sejam garantidas essas ações.

Agora, se causa tantos transtornos, por que um operador quer fazer certo e os superiores insistem em fazer errado? É aí que entram deficiências de gestão, disputas entre setores, interesses pessoais de gestores do primeiro escalão (presidentes, diretores etc.) entre outros motivos que prejudicam a gestão da Qualidade, levando até a perdas financeiras, que ocasionam cortes demissões, entre outras perdas.

Agora, veja porque a satisfação do Cliente não pode ser algo escrito em procedimentos quadros e cartazes, e sim fazer parte das rotinas de trabalho de toda a organização (empresa), não só apenas para os funcionários de chão da empresa, mas de todos os escalões.

Em uma ocasião, eu fazendo o trabalho divulgação da política da Qualidade em uma empresa na qual trabalhei, quase coloquei o nosso diretor em maus lençóis. Eu estava usando uma técnica de que gosto muito que é aquela em que, após passar a política da Qualidade da empresa em todos os níveis, com o auxílio de um colaborador, passo por toda a empresa pedindo que diversos funcionários me falem, de preferência decorado, sobre a política da Qualidade. Se o colaborador sabe falar certinho, ganha um bombom e além de descontrair o ambiente, ajuda de uma forma bem tranquila os colaboradores a entenderem a política da Qualidade.

Foi então que ao entrar no departamento comercial da empresa, lá estava o nosso diretor, que ao ver nossa breve apresentação, se empolgou e já estava quase se propondo a entrar na brincadeira, mas ele mal sabia como começava a política da Qualidade. Foi então que eu intervi, dizendo que como ele havia redigido o texto, seria injusto competir com os demais colaboradores, mas que mesmo assim ganharia um bombom como prêmio de consolação.

Assim todos riram e passamos para outro departamento. Mas vejam, o diretor mal sabia o texto da política da Qualidade da empresa. Como um gestor não tem esse conhecimento? Como se pode cobrar da organização como um todo a satisfação dos Clientes sem ter a certeza do que se está produzindo, não ter garantia de que as pessoas envolvidas têm a consciência de como tem que ser feito?

12 POLÍTICA DA QUALIDADE

O que é a política da Qualidade? Geralmente, quando se fala em política costumamos associar a coisas não muito boas. Sempre tem um sentido pejorativo voltado para ladroagem, atos ilícitos entre outras coisas. Mas não é disso que estamos falando.

A política da Qualidade nada mais é do que como a empresa vê e pretende chegar a um patamar de Qualidade, que acredita ser possível e mantido dentro do que é solicitado em alguma norma. Sendo assim, quando uma empresa opta por se certificar nessa norma, cria uma política que tem que ser do conhecimento de todos. Como fazer isso?

Já começa com quadros dos mais variados tipos e tamanhos, onde é escrita e espalhada em diversos pontos da empresa. Ou, em outros casos, a política da Qualidade é escrita em pequenos folhetos, também conhecidos como "santinhos" para que os colaboradores coloquem nas carteiras ou simplesmente levem no bolso e para ser praticada dentro da empresa.

Uma coisa é ter algo escrito para enfeite ou aparentar que se pretende fazer algo, e outra coisa é ter um compromisso escrito dando solidez e confiança para que, principalmente os Clientes acreditem que a empresa fornecedora é confiável e, portanto, pode se tornar um parceiro comercial ou continuar sendo esse parceiro.

Isso quer dizer que se tem uma busca pela satisfação do Cliente não só falada, mas escrita, para que todos busquem esse objetivo de maneira uniforme dentro da empresa, respeitando logicamente cada área e função dos colaboradores.

Por isso, tenho comigo que essa situação não é algo simples, mas antes de tudo trata-se de uma falta de respeito muito grande, e é notório que, em várias empresas, os gestores abandonem o real foco no Cliente e busquem um faturamento acima de tudo, inclusive das necessidades do próprio Cliente. Às vezes, essa situação acaba terminando com esse faturamento, sendo o último com esse Cliente.

O real foco no Cliente

Como uma empresa busca o tal "Foco" no Cliente? Por que a empresa pode muito bem tratar todos os Clientes iguais? Muito boa essa pergunta, não é? Se você olhar de acordo com a norma, você acaba tendo parâmetros que se tornam iguais para atender todas empresas, sendo elas indústrias ou prestadores de serviço. Mas as necessidades nem sempre são as mesmas e por isso digo que o atendimento precisa ser diferenciado para cada Cliente.

No caso das automotivas que tem como norma a ISO/TS 16949 de 2016, existem os *"requisitos específicos do Cliente"* que cada Cliente passa ao seu fornecedor, o que deixa o FOCO bem claro para que o fornecedor venha a atender. Mas chamo a atenção aqui para o REAL foco no Cliente, de quando o fornecedor tem o Cliente como meio de sobrevivência, uma fonte de receita e pronto.

Geralmente nesses casos, a preocupação no atendimento se dá apenas quando há alguma ameaça ou reclamação efetiva do Cliente, de maneira que o fornecedor se mexa, ou seja, o fornecedor passa a ter um foco sadio no Cliente, pois até então só era um interesse único e um tanto mesquinho. Ficou assustado com isso? Mas infelizmente é verdade! Já vi essa situação dos dois lados, como Fornecedor e como Cliente, e é uma realidade.

Por isso lhe faço essa pergunta: qual é o real foco em seu Cliente? É uma atitude mesquinha e interesseira que busca vantagem unilateral, ou procura o atendimento das necessidades de forma preventiva e pronta para atingir a confiança do Cliente?

13 O CLIENTE SEMPRE TEM RAZÃO?

NÃO, nem sempre o Cliente tem razão! Como citei em capítulo anterior, já houve casos em que o Cliente exigiu que determinado material fosse entregue de uma forma inadequada aos padrões de Qualidade. Geralmente, o Cliente nesses casos vem representado por um colaborador, que pressionado por sua diretoria, informa ao fornecedor para atender essa solicitação praticamente imposta com suas justificativas.

Nos casos que vivenciei, por se tratar de indústria, geralmente era chegada a mim pelo departamento de PCP (Planejamento e Controle de Produção), que era com eles e o gerente da produção que eu tinha que lidar. Começando internamente e depois com os meus contatos no setor de Qualidade e Compras, informando que a situação estava equivocada e os problemas que poderiam ocorrer.

Assim, deve ser levado em conta o tempo que demora para que os envolvidos tomem conhecimento da situação, das possíveis consequências e transtornos. Não preciso dizer que a minha diretoria também estava me pressionando, pois além de tudo, nenhum material pode ficar parado dentro de uma empresa já que isso gera prejuízos.

Então, com todos os argumentos possíveis, eu informava o Cliente para, no fim de tudo, saber se ele iria aceitar aquele lote de peças "sob desvio de engenharia", ou se não enviaríamos aquele material. Aí sim a decisão estava com o Cliente e por esse motivo que nem sempre ele tem razão. Embora a palavra final seja do Cliente, isso não lhe dá o direito de ter razão.

E indo mais a fundo, já presenciei casos onde o Cliente queria burlar normas de segurança e até itens legislativos que podem e causaram problemas com a justiça e órgãos de defesa do consumidor. Só para exemplificar com dois segmentos diferentes: o primeiro foi quando eu estava fazendo uma visita técnica a uma montadora e estava com outro colaborador da empresa na qual trabalhava na recepção. Então, chega um conhecido nosso, juntamente com uma equipe de trabalho que vinha do porto de Santos, onde estavam fazendo um retrabalho nas peças dentro do navio. Imagine como estava o Cliente, que para não perder o prazo da saída do navio, teve que mandar o fornecedor fazer tal retrabalho. A multa que ia ser paga seria alta.

O segundo era em uma empresa de envase de produtos de limpeza, que por pressão do Cliente, a diretoria decidiu utilizar um lote de frascos que tinham a parede com espessura mais fina do que o especificado. O resultado foi que, quando os pallets eram colocados uns sobre os outros para armazenamento, não resistiam e caíam, espalhando cloro por galpões localizados Brasil a fora. Dá para ter a noção do custo, além dos lugares onde não havia contenção de líquido, em multa por produto químico na rede de esgoto.

Esses são dois exemplos de tantos outros que ocorreram devido ao Cliente achar que tinha razão e depois as consequências mostrarem que nem sempre é assim. Porém, de qualquer forma, nós estamos falando de FOCO no Cliente e para você saber se o Cliente tem ou não razão, você precisa primeiro ouvi-lo, depois levantar as informações, conversar com os envolvidos, e só então saber se ele tinha ou não realmente razão naquela reclamação.

Em uma ocasião, eu assumi o setor de Qualidade em uma empresa que era fornecedora da linha automotiva. A situação estava tão ruim que já estava em vias de perder os dois principais Clientes (montadoras). Foi quando, em uma reunião semanal, fomos cobrados por uma reclamação na unidade da Argentina, e devido a imagem negativa que a nossa empresa já tinha construído, os meus argumentos nem seriam levados em consideração. Resultado: fui parar às pressas na Argentina com peças de amostras, desenhos, relatórios e outros documentos.

Quando eu chego na linha de montagem e faço as medições e verificações, conversando com os técnicos, descobrimos que havia um deslocamento linear da posição do robô soldador que, por esse motivo, não conseguia dar sequência, prejudicando a linha de montagem. Eu não tinha ideia que o problema estava no robô, mas sabia que o problema não estava nas minhas peças e que o Cliente não tinha razão em reclamar conosco.

Mas, com essa atitude, foi entendido pelo nosso Cliente que estávamos focados em resolver a situação, o Cliente tendo ou não razão, e a partir daí conseguimos elevar o nosso nível de confiança e, naquele mesmo ano, saímos daquela situação desesperadora para uma confortável posição de fornecimento.

14 RECLAMAÇÃO DO CLIENTE

Todos que trabalham na área da Qualidade sempre tem contato com as frases de efeito, e a primeira frase de que me recordo e que me marcou é a seguinte: "São nas crises que aparecem as oportunidades". Diziam que era um provérbio chinês, e eu li essa frase quando entrei pela primeira vez no setor de Qualidade de uma grande multinacional onde eu estava iniciando o meu tão sonhado estágio.

O que isso tem a ver com reclamação do Cliente? TUDO! Nós, os profissionais da Qualidade, travamos a nossa eterna luta contra as não conformidades, defeitos, refugos, retrabalhos etc. Porém, quando você menos espera, recebe aquela ligação ou e-mail que acaba com o seu ânimo de trabalhar. Um determinado Cliente lhe faz uma reclamação, que na maioria das vezes já vem acompanhada de ameaças como "vai parar a linha de montagem", ou "vou cobrar a multa do meu Cliente de você", além das broncas e de outras coisas desagradáveis.

Como a maioria dos Clientes trabalham em três turnos, e o "cara" da Qualidade geralmente no turno administrativo, não tem por onde correr, sempre vai ser pego desprevenido. Depois que inventaram o celular e as redes sociais, fica muito difícil para nós gestores, porém, para os Clientes é "uma mão na roda".

Já houve ocasião em que eu havia acabado de sair da empresa e o Cliente ligava querendo que eu resolvesse o problema de suas peças. Em outra, outro Cliente queria que eu saísse as 16h 30min para fazer a seleção de peças porque a sua linha de montagem iria parar as 20h 00, e eu estava a quase 200 km de distância da montadora.

São exemplos verídicos que tive que dar solução, pois havia reclamação. E quando isso acontece, quer dizer que o pior aconteceu, vão ser gerados deméritos junto ao Cliente, desconfiança, pode implicar em transtornos com novas vendas, enfim, toda aquela problemática que já menciona-mos anteriormente. Porém, você pode tirar proveito dessa situação adversa mostrando sua capacidade de reação e solução para o problema.

Com isso você vai mostrar para o seu Cliente que, mesmo quando acontece algo que gere uma reclamação, ele vai ter a certeza de que você e a empresa para qual trabalha vai de algum modo resolver o problema.

Isso é só o início, veja que coloquei você *e a empresa* para a qual trabalha. Porque é lógico que se for algo que só você se empenhar e não ter uma colaboração do setor produtivo e os setores secundários ajudando, certamente vai haver uma reincidência do problema, e sua empresa e você vão cair em descrédito de maneira tal que a empresa em que trabalha poderá ser substituída por outro fornecedor e você poderá ficar com sua empregabilidade comprometida, já que a fama corre no meio entre os Clientes e fornecedores.

Mas então qual o caminho? É tratar a reclamação de maneira completa e como temos falado, com FOCO NO CLIENTE.

Eu começo esse assunto deixando claro que não existe nenhum processo de produção perfeito e, portanto, falhas podem acontecer apesar da melhoria e evolução da tecno-logia. Já em relação a serviços, trata-se do fator humano que pode ocasionar falhas. De qualquer modo, com essas falhas podem provocar problemas no Cliente e fazer apa-recer a *Reclamação do Cliente*.

E levando isso em consideração, de tal maneira com tamanha relevância, que hoje tem norma que trata desse assunto. Então vamos lá:

Confirmação que a reclamação foi recebida

Esse é o momento menos desejado que uma empresa pensa em ter, mas, ao receber uma reclamação, o fornecedor não deve titubear e ser firme em confirmar que a recebeu. Essa não é a hora para apresentar justificativas ou questionar o Cliente (como já conversamos, nem sempre o Cliente tem razão).

Uma vez que ocorreu um problema, você tem que dar o máximo de condições para que o Cliente consiga ver que a solução ocorrerá o mais breve possível e ele precisa reclamar. Então o fornecedor tem que dar essas condições. Eu aprendi bastante a respeito, principalmente quando trabalhei para uma empresa que fazia instrumentos para cirurgias pouco invasivas, produtos hospitalares, onde cada instrumento era acompanhado de um livreto de como usar, cuidados etc.

Porém, havia uma preocupação especial com informações para que o Cliente tivesse números de telefone, do Call Center e do departamento comercial da empresa, o tal 0800, além dos endereços de e-mails, entre outras informações escritas ou transmitidas de forma mais clara possível. Veja se consegue agendar uma visita ao Cliente, isso é muito importante e como dizia um diretor que tive, "o téte à tête", olhos nos olhos é muito importante.

Tudo isso para que o Cliente ou qualquer outro tenha a comunicação adequada para, entre outras coisas, fazer uma reclamação. Assim, haverá informações de onde e como fazer a reclamação, como o Cliente pode prestar informações com formulário específico, poderá saber como é o processo das reclamações, o prazo das etapas do processo, algumas opções que se possa ter em relação a reclamação feita e assim, obterem-se os retornos em relação a reclamação feita.

Parece até algo que acontece de forma natural ou automática, mas não é! Falo isso com a convicção de quem viveu os dois lados, pois nós sabemos da quantidade de atividades que se exerce ao longo do dia de trabalho, e eu vivenciei casos em que o meu Cliente passou o comunicado do problema e eu não havia respondido no momento, pois estava fora da minha sala resolvendo um problema na produção.

Conversamos pelo celular, e assim que retornei, acabei esquecendo e demorei para confirmar que já tinha conhecimento do problema. Adivinha quem foi que me passou o comunicado de forma verbal? O meu diretor, e daquele jeito que a gente não gosta muito.

Aí você me pergunta: mas você não falou com ele pelo celular? Sim, nos falamos, mas em uma empresa que tem um sistema de gestão da Qualidade, tem os procedimentos a serem seguidos e um deles é confirmar mediante os formulários que originam documentos que podem ser impressos ou mesmo exibidos por Datashow. Isso permite que os diversos departamentos do seu Cliente saiba que você como fornecedor já está pronto para tomar as ações.

Vimos que um Cliente, por mais furioso que venha a estar com um problema originado por um determinado fornecedor, já vai ficar um pouco menos exaltado quando receber esse apoio vindo de uma boa comunicação por parte desse fornecedor. Eu, particularmente, já vi uma perfeita compreensão do meu Cliente, que no momento em que apareceu a reclamação em nossa empresa, agimos conforme manda o início do tratamento da reclamação, ou seja, com uma boa comunicação

Após ver como estávamos trabalhando, nos tratou de uma forma profissional e cortês, quando as más línguas já estavam atormentando todo o ambiente de trabalho.

O processo de tratamento da reclamação

O registro

Uma vez que o Cliente fez a reclamação e ela chegou até suas mãos, tome o cuidado de fazer o *registro* da reclamação. Tenho visto casos em que o registro da reclamação não foi feito no momento de sua chegada e, quando se foi tratá-la, faltaram informações, que lógico foram impactar no Cliente.

Também já presenciei alguns casos em que a reclamação acabou nem sendo registrada devido a demora dessa ação e o desfecho foi de muita insatisfação por parte da Cliente e da chefia que não esperava por esse descuido. E é isso mesmo, um descuido por parte do fornecedor de produtos, peças ou serviços, quando não faz o registro de uma reclamação.

É simples, basta ter onde registrar a reclamação, porém, aconselho que elabore um formulário adequado, fuja daqueles caderninhos como muitas microempresas como as de consertar máquinas de lavar ou eletrodomésticos que anotam de qualquer jeito ou juntam com mais informações que podem atrapalhar ao invés de ajudar. Para que isso não ocorra, utilize um formulário próprio como aqueles famosos Relatórios de Não Conformidades, Relatórios de Ocorrências, Relatório de 8D ou algo parecido.

O cabeçalho

Na formalização da reclamação, é muito importante que você tenha as informações primárias logo de início, isso vai ajudar a identificar tudo sobre uma reclamação, e se você tem um cabeçalho bem elaborado, essas informações já vão estar dispostas para que se tenha um bom entendimento para tratar uma reclamação de maneira correta e eficaz.

Para isso precisamos do nome do Cliente e endereço, trata-se de matriz ou filial, qual o segmento em que atua, qual o departamento e o nome do reclamante, em qual data aconteceu a reclamação, entre outras.

Caso sua empresa não tenha, elabore um. Você vai ter mais facilidades para tratar as reclamações e também o seu Cliente, bem como chefia, vão enxergar um bom grau de organização logo no começo que é o registro da reclamação.

Esse registro formal não é apenas para dar um número a um formulário, ele pode e tem que apresentar campos para informações que são importantes para o tratamento da reclamação, a começar pela descrição da reclamação e com informações relevantes.

No ato da reclamação

Avaliação inicial

É claro que se você já está na área de Qualidade e, principalmente, se já atua na empresa há algum tempo, ou seja, já conhece bem os seus produtos, você vai ter logo de início uma ideia de uma avaliação inicial que já pode começar o tratamento da reclamação.

E quando o fornecedor é de pequeno porte, isso fica evidente por se tratar de uma equipe enxuta, mas nunca faça uma avaliação sozinho. Eu costumo dizer que o operador da máquina conhece as suas peças só de pegá-las na mão. Isso implica que no mínimo você tem que conversar com quem trabalhou com aquelas peças ou prestou o serviço, pois eles têm noção das dificuldades do ambiente de trabalho, entre outras coisas.

Além disso, procure outros profissionais envolvidos. Se você perceber, estou lhe direcionando para uma equipe multidisciplinar. Sim, uma avaliação inicial bem feita vai proporcionar um bom andamento e finalização adequada, ganhando tempo e até recursos, porque vai apontar o caminho a seguir.

Uma coisa irritante e que repercute na empresa inteira é quando você tem que refazer o processo por ter tornado as ações inadequadas, porque a avaliação não foi correta logo no início. A direção reclama, os colaboradores reclamam, gasta-se dinheiro, perde-se tempo e o Cliente na expectativa de ter o seu problema resolvido e nada.

Então, se puder, reúna-se com os envolvidos, ou com os que possam ajudar, nem você nem ninguém é dono da verdade, inclusive o Cliente, portanto, pergunte e faça um trabalho robusto no início levando em consideração a seriedade, frequência de ocorrência e a severidade da reclamação do Cliente.

Contenção

Também deve haver uma ação imediata ou também chamada de ação de contenção. Caso exista, nada mais é do que o que se faz para interromper o problema antes que fique maior, para depois ir a fundo e resolver de fato o problema.

Tornamos como exemplo um vazamento de torneira. Primeiro você vai e fecha o registro, e depois conserta-se ou troca-se a torneira e, definitivamente, resolve o problema.

Descrever a remediação

A remediação pretendida ou ação corretiva deve ser descrita na totalidade, contando até com detalhes, bem como prazos, entre outras informações. Nos formulários acima citados (Relatórios de Não Conformidade, por exemplo), os campos são bem distintos de maneira que a descrição das ações para resolver a não conformidade e, portanto, para atender a reclamação do Cliente.

Ficam bem claras o que facilita para quando forem solicitadas tanto pelo Cliente, como pela chefia ou direção do próprio fornecedor.

Quando existem produtos parecidos

No caso de haver produtos ou serviços similares aos que foram alvo da reclamação, tome a ação adotada para remediar (resolver) a reclamação e direcione para esses produtos ou serviços.

Nesse caso, entra como ação preventiva, o que ajuda a evitar que novas reclamações venham a acontecer; essas correções podem ser também práticas empresariais, como adotar a troca de matéria-prima ou contratação de mão de obra.

A importância dos prazos

Saliento a importância de se estabelecer prazos para a conclusão da reclamação, bem como para cada etapa que compõe a solução definitiva do problema. Com isso, o Cliente tem como acompanhar o andamento das ações. Mas lembre-se de que os prazos têm que ser tangíveis. Por outro lado, o Cliente ou reclamante tem urgência em ver o seu problema resolvido.

Então, antes de dar prazos, consulte outros profissionais envolvidos para que você não se comprometa com ações que não ocorrerão dentro dos prazos estabelecidos.

Como já foi mencionado, os formulários tradicionais para reclamação de Cliente são bastante completos, e já apresentam esses campos, não só com a descrição, mas inclusive com campos para as datas também.

Acompanhar as reclamações

O Cliente precisar saber a quantas anda a sua reclamação e isso implica em real atendimento a sua necessidade, de modo que se ele tem as respostas sobre o andamento da sua reclamação, isso o tranquiliza e você atende as expectativas para um momento que não está bom.

Afinal, estamos falando de uma reclamação e é importante que você a acompanhe desde o momento em que a recebeu. Aí eu volto para aquela história dos prazos, isso é muito importante para o acompanhamento do processo, pois apresenta as diversas etapas e o seu andamento, se está correndo como esperado ou se precisa de ajustes, sim, às vezes, por interferências externas ou alheias a nossa vontade, pode comprometer prazos.

Um exemplo disso é quando dentre as ações está uma aquisição de matéria-prima que é importada, e por uma mudança em algum procedimento na aduaneira, exige-se algo que antes não era solicitado e ela fica retida no porto, fronteira ou qualquer coisa do tipo. Nesse caso, o tempo não depende de você, mas pelo simples fato de apresentar essa justificativa, expondo a necessidade de revisar o prazo, já mostra que existe um acompanhamento, inclusive robusto, baseado em informações.

Às vezes, o reclamante solicita a você que passe periodicamente informações, como por exemplo, em reuniões pré-agendadas, ou simplesmente que lhe envie o status do andamento. Mas, lembre-se de que a pró-atividade ajuda a ganhar pontos, e uma vez que você já está no prejuízo já que se trata de uma reclamação, qualquer atitude que você tome para ganhar pontos para adquirir a confiança com o reclamante vale a pena.

Responda ao Cliente

Após a tomada de ações, dê a resposta ao Cliente, isso também parece corriqueiro, mas lembra-se de quando falei do tempo aproveitado? E se você está tratando de apenas uma, ou quem sabe nenhuma reclamação, fica fácil, mas entra aqui novamente o seu comprometimento em fazer um trabalho metódico.

Comunicação das decisões

Se não proceder como falamos acima na confirmação do recebimento, a resposta ao Cliente pode cair no esquecimento mesmo que por pouco tempo, e isso pode gerar problemas com seu Cliente ou chefia.

Assim, mantenha a disciplina de responder ao Cliente. Para isso existem os formulários específicos que tanto sua empresa como o seu Cliente devem ter, mas eu insisto em lhe dizer, ligue, mande e-mail ou qualquer outra coisa nesse sentido, mas faça o contato, se for o caso, marque uma visita, se possível já para o dia seguinte, e como já falamos anteriormente, o *téte à téte*, *olhos nos olhos* é muito importante.

Hoje em dia temos o título atualizado que é "H2H" (*human to human*), pois acaba com a frieza e distanciamento causados principalmente por e-mails ou outros meios eletrônicos, promovendo um olhar de confiança em resolução de problemas.

Lembra-se de quando falei que falhas acontecem em qualquer empresa, pois é, o seu Cliente com certeza sabe disso e, portanto, vai querer ter como um parceiro alguém que reaja de forma eficiente e adequada. E as decisões das etapas e finalização da reclamação precisam ser passadas para o Cliente.

Encerramento da reclamação

Se as decisões sobre as ações forem entendidas pelo Cliente e aceitas, execute-as, registrando todos os campos do formulário e suas datas reais, fechando assim o histórico que pode ser utilizado futuramente quando for solicitado pelo Cliente, ou para estudo preventivo para outra peça, ou serviço semelhante.

Se o reclamante rejeitar as ações, mantenha o processo aberto e refaça as etapas buscando novas ações para atender o Cliente. Só após a concordância ou manifestação dele, a reclamação vai ser finalizada.

Aqui deixo a forma de se tratar uma reclamação de Cliente ilustrada com algumas experiências por mim vividas. Mas não acaba aí, pois estamos falando de foco no Cliente. Por isso dá trabalho mesmo, e se você não quer apenas ser um simples fornecedor para ser uma referência para o seu Cliente, é claro que tem que trabalhar mais para colher esse fruto. E quando ele vier, pode ter certeza de que o relacionamento vai ser duradouro e mais próspero para os dois lados.

Acabamos de falar sobre a pior situação que existe entre fornecedor e Cliente que é a reclamação do Cliente, certo?

ERRADO! A pior situação nessa relação chama-se reincidência da reclamação. Isso aos olhos do Cliente é detestável, pois além de tudo implica em mais perdas, inclusive a da confiança. É aí que tudo o que falamos anteriormente sobre a tratativa da reclamação, ocorre novamente, e é claro sob o olhar furioso do seu Cliente.

Para que isso não ocorra é preciso ter alguns cuidados que vamos falar agora.

Manutenção e melhorias das ações tomadas

Tudo que vimos desde o momento em que o assunto foi satisfação do Cliente, são atitudes oriundas de reclamação, e são feitas para que o Cliente saiba que você como fornecedor, apesar de ter "tropeçado", mantém o foco em resolver a situação, para que a relação seja realmente de uma parceria vitoriosa a fim de que ambos venham a ganhar.

Pois bem! Então, ao longo do tempo, você vai resolvendo as reclamações, registrando e fazendo todo aquele processo que informamos anteriormente, só que você não tem somente um Cliente, mas sim vários Clientes, e é aí que, na minha opinião, a brincadeira fica boa, porque eu gosto de estatística, e com as informações coletadas com os formulários, pode-se através de um gerenciamento adequado criar procedimentos para coleta dos dados de maneira que possam ser utilizados.

Trata-se de informações muito importantes que muitas vezes não se podem conseguir novamente, então coleta, arquivamento, classificação, manutenção e disposição para uso desses registros, tem que estar de maneira adequada para que não se perca e que o uso dessas informações sejam realmente feitas não só para um, mas se puder, que seja estendida a outros Clientes que possam se beneficiar de forma preventiva.

Tenha cuidado com os arquivos magnéticos e/ou eletrônicos já que podem se perder de forma permanente. Eu sei que com a evolução da tecnologia, tem-se aumentado a confiança em tais meios, mas vale o alerta, de repente por algum descuido, tudo pode se perder.

Nesse momento, eu chamo a sua atenção para refletir sobre um fato interessante. A maior democracia do mundo, um país com alta tecnologia realiza suas eleições com cédula de papel!

O SEGREDO ESTÁ NAS PESSOAS: FOCO NO CLIENTE

Creio eu que isso não é por acaso, e também não estou falando para que não use esses meios, somente tenha cuidado.

Para os registros que envolveram treinamentos ou instruções, tenha sempre a manutenção deles, que devem estar atualizados, completos no sentido de que os treinamentos foram eficazes e se os colaboradores treinados realmente estão aptos a desempenhar para o que foram treinados. Essa verificação geralmente é feita após algum tempo em que foi ministrado o treinamento.

No caso de instruções, verifique se atingem o objetivo a que foram elaboradas. Isso também deve ser feito algum tempo após estar em funcionamento. Esses cuidados devem ser tomados com certa severidade, pois trata-se diretamente da mão de obra da empresa e são objetos de auditoria, ou seja, vão ser solicitados por algum auditor, em auditorias interna, externa, ou auditoria realizada pelo seu Cliente.

Deixe claro, para quem quer que seja, que existe um critério para apresentação desses documentos ou até mesmo a entrega como submissão, pois podem haver informações sigilosas ou que não são necessárias para aquele Cliente especificamente como dados pessoais, confidencialidade do reclamante etc. Esse critério pode levar em conta prazos, o tipo de informação que pode ser solicitado, para quem podem ser passadas as Informações e até o formato de documento em que elas que podem ser passadas. Lembre-se que trabalhamos com normas e nada pode estar acima das leis.

Procure realmente fazer um trabalho estatístico. Depois de classificadas as reclamações, use as ferramentas da Qualidade para achar as causas-raiz do problema, analise bem e também identifique as tendências, problemas sistemáticos, ocasionais, recorrentes e incidentes isolados.

Não é o caso agora, mas você pode verificar qual ou quais as ferramentas da Qualidade são mais adequadas para aquela reclamação, pois como já falamos anteriormente, cada Cliente pode ter o seu próprio formulário, mas isso não impede que você possa usar em paralelo quais ferramentas achar mais adequadas para resolver o problema.

E como já falei no início, o Cliente enche os olhos quando as expectativas são *superadas.* E para tanto, não poupe esforços, saiba que a recompensa vem, e quem trabalha mais, é obvio que tem mais chances de consegui-la.

E para finalizar essa etapa que trabalha para evitar a famigerada *reincidência* da reclamação, no que se diz sobre a nossa busca pela satisfação do Cliente, sugiro que faça a boa e velha *Pesquisa de Satisfação do Cliente*.

Como se trata também de uma ferramenta da Qualidade, existem vários formulários que você pode aplicar de maneira a ter aquela que seja adequada a sua empresa. Mas prepare-se, pois por melhor que seja sua maneira e as intenções igualmente importantes, os Clientes detestam responder, portanto insista e use de sua boa influência informando sobre os resultados positivos que se espera alcançar.

Monitorar o processo de tratamento das reclamações é muito conveniente para o bom andamento do trabalho, então faça um bom monitoramento, inclusive das pessoas envolvidas, dos vários tipos de recursos materiais, equipamentos e dos dados que vão ser ainda coletados. Tenha sempre uma visão de como estão suas disponibilidades para uso imediato, ou para quando houver necessidade.

Auditoria no processo das reclamações

Deixe programadas auditorias como continuidade do trabalho nas reclamações, pois é necessário você ter a noção de como está acontecendo o tratamento das reclamações dos seus Clientes, e falo com toda certeza

O SEGREDO ESTÁ NAS PESSOAS: FOCO NO CLIENTE

de que uma auditoria vai lhe dar total tranquilidade na tratativa das reclamações, tanto para você, quanto para o seu Cliente.

Ele pode solicitar a qualquer momento um parecer sobre determinada reclamação e, com a ajuda de auditorias, você vai ter uma visão se existe conformidade dos processos aos tratamentos das reclamações e também se os processos de tratamento de reclamação estão adequados para atingir os seus objetivos. Eu sugiro uma auditoria desse tipo a cada semestre, sendo devidamente reportada à direção.

Faça a análise crítica dessas auditorias, com a contínua conveniência, adequação, eficácia e também a eficiência do processo de tratamento das reclamações. Identifique problemas como segurança, saúde dos colaboradores, meio ambiente do local de trabalho. Verifique também se existem normas ou regulamentos que o Cliente está solicitando, ou também se as leis exigem algo que não foi atendido. É preciso gerar as ações preventivas ou corretivas desde o produto ou serviço fornecido até a política praticada pela empresa.

Roupa suja se lava em casa

Aproveite essas auditorias e veja tudo, por se tratar de um tipo de auditoria interna, você tem a oportunidade de verificar detalhes que podem não ser percebidos anteriormente. Isso, para o gestor da Qualidade ou para o responsável incumbido de lidar com os Clientes, pode fornecer informações importantes para trabalhar preventivamente e se antecipar de problemas.

Assim, você vai ter noção dos impactos que podem ser evitados para peças ou serviços que já foram prestados e que hoje estão sendo realizados, mesmo que sejam semelhantes e não os mesmos. Isso serve também para outros Clientes que tenham produtos ou necessitem de serviços que se parecem com algo que você já fez. Sendo assim, a experiência adquirida serve para tomar cuidados que podem e vão evitar prejuízos em vários aspectos, incluindo o "arranhão" na sua marca ou nome.

Essas auditorias ajudam muito e não demandam muito tempo, pois você não necessita de ter todos os passos de uma auditoria interna, como reunião de abertura e fechamento; dessa forma ela pode ser tratada como parte de uma auditoria de sistema de gestão, porém tem que ser encaminhado o relatório final para a sua direção, conforme já falamos anteriormente.

Faça a análise crítica juntamente com a alta direção da empresa para assegurar que a empresa consegue identificar deficiências de produto e também do processo, e corrigi-los, avaliar oportunidades de melhoria, bem como mudanças potenciais.

E faço aqui um lembrete: capriche nas entradas e saídas dessa análise crítica, e para as entradas, eu friso, coloque os fatores internos como mudanças na política ou na estrutura organizacional, alterações em departamentos, mudança no organograma ou outros, disponibilização de recursos para produtos, meios de controle, fabricação ou ampliação do leque de produtos e ou serviços etc.

Nos fatores externos verificados em sua auditoria, não deixe de fora todos que envolvam legislação. Isso é muito importante e no caso de se esquecer de algum, pode acarretar problemas e prejuízos enormes, muito difíceis de resolver. Também leve em conta as práticas competitivas dentro do seu segmento. Antigamente, eu fazia o uso do Benchmarking para verificar como estava a minha empresa em relação aos concorrentes, mercado e o que pusesse ter de informação.

O SEGREDO ESTÁ NAS PESSOAS: FOCO NO CLIENTE

Coloque também tudo o que puder de inovações, tanto dos processos como tecnológicos, pois se não der para implementar, pelo menos tanto você como a direção vão ter noção do que se pode fazer. Feche mostrando o resultado de sua auditoria e também apresente o atual estágio de como estão as ações corretivas e as preventivas.

No caso das ações tanto corretivas como preventivas, tenha a consciência de que a qualquer momento o seu Cliente pode lhe pedir informações sobre elas, então tenha tudo sobre o seu controle. Eu lhe aconselho que faça uma boa e velha planilha, constando as ações e os prazos a serem entregues, para que você possa verificá-la diariamente, de forma religiosa, para que tenha certeza que nada lhe escape. Eu já sofri muito com uma ação que era simples, porém foi deixada para a última hora e acabou em problemas. Vou lhe contar essa pequena e trabalhosa história.

Após um Cliente fazer uma reclamação, eu, como de praxe, fiz todos os trâmites e, após os estudos realizados, verificamos que teríamos que confeccionar um dispositivo para a máquina a fim de evitar que o operador colocasse a peça do lado errado na ferramenta, o famoso Poka Yoke, dispositivo à prova de erro, ou Mata Burro, como era chamado pelos operadores.

A engenharia elaborou o desenho e foi encaminhado para a ferramentaria. Porém, o dispositivo era simples e ainda não haveria produção programada. Quando foi cobrar o tal dispositivo, o encarregado da ferramentaria me informou que já havia comprado o material e a sua confecção era simples e rápida.

No dia seguinte, foi colocado um pedido de emergência, pois o Cliente havia feito uma venda grande e muito boa. Foi aquele corre-corre, pois precisávamos do dispositivo para dar sequência na produção e o mesmo teve que ser fabricado às pressas. Por sorte, deu tempo em função do dispositivo ser simples, mas se fosse algo complexo, ou com o material específico, certamente o problema seria bem maior. Portanto, gerencie suas ações.

No tópico COMUNICAÇÃO INTERNA, mencionei uma experiência com planilha de gerenciamento. Se você quiser, leia novamente, creio valer a pena. Para finalizar esse assunto de reclamação do Cliente, venho novamente com aquela conversa de gerente da Qualidade de "melhoria contínua". Sim, é muito importante que você junte tudo isso que foi dito e transforme em melhoria.

Lembre-se de que a reclamação do Cliente já deixa você no prejuízo, então você tem que transformar isso em algum benefício a seu favor e de sua empresa. Para tanto, trabalhe para que sua empresa explore e aplique o melhor do que foi retirado dos tratamentos das reclamações dos seus Clientes, bem como impactos que possam servir para outros Clientes, o que já falamos anteriormente.

Aproveite essa abordagem que foi criada e faça com que todos os colaboradores se sintam encorajados a ter e manter o foco no Cliente, tanto internamente, como no Cliente final, incentivando outras formas e até mais inovadoras para tratar das reclamações de Clientes, lembre-se do que já falamos e se observar os colaboradores, com certeza vai encontrar alguns que vão ajudar com ideias e ações até surpreendentes.

Da maneira como eu me refiro ao Cliente, pode parecer obrigação, e de certa forma é. Um tratamento exemplar ao seu Cliente tem que ser feito em toda negociação que ele fizer com a sua empresa, afinal nós todos somos Clientes em alguns momentos de nossa vida e, quando achamos que fomos de alguma forma prejudicados como Clientes, sempre ameaçamos "vou ao PROCON", ou vou colocar no site de reclamações.

Eu toquei nesse assunto para lembrá-lo de que você pode tomar uma atitude de promover a melhoria e incentivo aos seus colaboradores, fazendo o reconhecimento de esforços e ações que eles fizeram para atender as reclamações. Só tome cuidado para não criar o "efeito foca", que é aquele que o animal só bate palma se ganhar uma sardinha.

Desenvolva-lhes o hábito de ter essa visão junto ao Cliente, pois dessa forma os colaboradores sempre vão saber que algum reconhecimento virá e, com treinamentos sobre os procedimentos das tratativas das reclamações, você vai ter implantado uma sistemática de tratamento das reclamações que vai ser reconhecida pelos seus próprios Clientes, além de sempre se sair bem nas auditorias de sistema de gestão.

15 COMEÇAR O TRABALHO DE BASE

Você deve ter notado que falamos muito de ações que você deve fazer e também de experiências que vivi ao longo da minha carreira, tratando com os meus inúmeros e diferentes Clientes.

Mas e o início desse trabalho? A menos que a empresa seja tipo MEI (micro empreendedor individual), onde você é no máximo mais um, tem que fazer tudo, não tem jeito, como o ditado popular *"vai ter que assobiar e chupar cana"*.

Fica nítido que o simples fato de atender bem o Cliente acaba sendo necessário uma certa estrutura, e quanto mais Clientes e maior a empresa em que trabalha venha a ser, essa estrutura também tende a ser um tanto complexa, que pode exigir equipe e equipamentos, entre outras coisas.

Então vamos lá.

Sua primeira ação é conversar com sua direção, gerência ou qualquer que seja o seu ou seus superiores para definir um **comprometimento** na atenção aos Clientes. Mesmo que a empresa seja pequena e só você vai correr atrás de simplesmente *tudo*, mesmo assim *tem que ter* por parte da alta direção essa atitude permanente de estar lhe dando todo o suporte necessário para que se tenha total atenção com o Cliente.

Se você é um profissional da área de Qualidade e, portanto, o responsável pelo contato com os Clientes, vai aí o seu primeiro exercício. Lembra quando falamos de Clientes Interno? Pois bem, você está diante do seu Cliente Interno e vai fazer a sua principal negociação, e se obtiver êxito nela, já vai ter mais de 50% de seus problemas solucionados.

Existem alguns sortudos que a alta direção já lhes dão esse suporte do comprometimento facilitando-lhes o trabalho. Eu tive em minha carreira os dois casos, mas um que marcou bem foi o que justamente havia esse comprometimento da alta direção.

O diretor nesse caso foi contratado para retirar a empresa de uma situação muito difícil, e eu fui contratado por ele sem que ele me conhecesse para trabalhar na área da Qualidade, e para ficar também com esse atendimento ao Cliente. Mas a visão dele em relação a importância dessa preocupação era tanta que simplesmente todos os dias, independentemente de haver reunião ou não, ele me cobrava como estava a situação dos Clientes.

Já em uma outra empresa, também de médio porte e tradicional em seu mercado, eu me vi na situação em que tinha que me desdobrar para fazer tudo e sempre lembrar a alta direção sobre o comprometimento em relação aos Clientes.

É aí que chamo sua atenção com as ferramentas que já falamos anteriormente, e também se acaso houver mais colaboradores sob seu comando, designe alguém como representante para o tratamento das reclamações e, se não houver, vai ter que ser você mesmo.

Voltando a falar sobre ferramentas, pode começar com uma simples planilha para gerenciar datas, ações etc. Devem ocorrer reuniões diárias com sua equipe, ou com colaboradores de outros departamentos para afinarem o atendimento de solicitações, necessidades que já foram solicitadas por Clientes, ou simplesmente para confirmar que já está tudo certo com os Clientes.

Se algum solicitar informações, você deve tê-las na ponta da língua. Enfim, aí você pode usar e abusar de ferramentas, só não fique chovendo no molhado, mesmo porque, quem está nessa área, não tem tempo para jogar fora. Lembre-se da objetividade das reuniões e simplificação das ferramentas.

Só para lhe apresentar uma outra experiência, dessa vez foi quando estive realizando uma auditoria interna, e o responsável pelo setor de manutenção da empresa foi mostrar os cronogramas de manutenção preventiva. Ele veio com uma planilha que tinha tantas cores, pontos e códigos que nem ele sabia para que serviam tantas informações. O resultado foi na auditoria de recertificação e recebemos uma oportunidade de melhoria nesse quesito. Então, faça o básico, mas suficiente para ter bons resultados.

O comprometimento da alta direção tem que ficar claro a ponto de se enraizar por toda a empresa de modo que, tanto os colaboradores, quanto os Clientes, se sintam encorajados a dar opiniões e sugestões nas melhorias dos produtos, serviços ou processos internos. É lógico que o mediador de tudo isso é você que pode estimular buscando as informações e colocá-las nas ações corretivas, preventivas etc.

Para tanto, auxilie a sua direção tendo procedimentos para esse fim. Isso ajuda a manter o padrão que o seu Cliente vai ficar acostumado e, portanto, aprovar; e mantenha treinados e reciclados os colaboradores que, além de você, tem que saber como executar esses procedimentos, mas lembre-se: não crie papel para algo que já existe.

16 TREINAMENTO SOB A VISÃO DO COMPROMETIMENTO DA DIREÇÃO

O comprometimento por parte da direção sempre fica explícito quando se vê na empresa a disponibilização de verbas para esse fim, que podem ser em aquisição de equipamentos específicos, cartazes e quadros para comunicação, treinamentos etc. E como já falamos em treinamento, isso nunca é demais, porém, não deixe que isso venha entrar em conflito com a produção ou a execução de serviços, faça um cronograma bem adequado e, se houver necessidade, reagende com datas adequadas a todos.

Não perca tempo com contendas desnecessárias, pois toda empresa visa ao lucro e, às vezes, os treinamentos de funcionários já estão programados, mas vem o pessoal da produção ou PCP e diz que não vai poder liberar os funcionários porque tem atraso na produção, ou foi colocado novo pedido. Enfim, sempre vem uma dessas informações, o que você deve fazer é não perder a calma, nem entrar em atrito com os demais responsáveis por setores.

Informe a direção, verifique se realmente não há possibilidade de se fazer naquela mesma data e, se for o caso, revise seu cronograma adequando os treinamentos para uma data que atenda a todos, inclusive você.

Em uma ocasião ocorreu um fato desses comigo. Eu sempre procurei elaborar o cronograma de atividades logo no início do ano, de maneira a evitar problemas no decorrer do período, porém, devido estar próximo de uma auditoria de sistema, estávamos certos de que correria tudo conforme programado, inclusive o instrutor para os treinamentos, que era uma pessoa de fora, de maneira que as datas estabelecidas também estavam de acordo com a programação dele.

Então tudo corria como esperado até acontecer uma reclamação de uma montadora em relação a uma determinada peça. Tivemos que mobilizar o nosso pessoal, e com uma ótima colaboração da chefia da produção, conseguimos um lote extra de peças que foi entregue para substituir as peças suspeitas. Por sorte, após serem avaliadas, não estavam ruins. Dessa forma, com a ajuda das partes envolvidas, conseguimos realizar os treinamentos em tempo hábil.

Já em outra empresa que trabalhei, cujo segmento era químico, o gerente da produção bateu o pé e não permitiu que os seus colaboradores participassem dos treinamentos, porém, quando foi explicado para a direção de que se tratava de uma necessidade para o sistema de Qualidade da empresa exigido por nossos Clientes, ela conversou com o gerente e determinou que se realizasse os treinamentos dentro dos prazos previstos.

Agora eu lhe pergunto: precisava ter tanta indisposição? O desgaste que houve foi desnecessário e isso me ensinou que devemos lutar por um bom desempenho de nosso setor, mas sem ter contendas que não vão levar a nada. Desde então, sempre que há algo assim, procuro os superiores e busco o melhor para a empresa a fim de saber quem tem razão.

Lembre-se que você é um Cliente interno e também tem Clientes interno, de maneira que, como foi passado, evite esses problemas internos e mantenha um clima organizacional bom. Assim, quando for necessário, utilize toda sua energia para atender bem o seu Cliente externo, já que com clima organizacional bom é certo que o seu Cliente interno também estará satisfeito.

O SEGREDO ESTÁ NAS PESSOAS: FOCO NO CLIENTE

Tanto Clientes internos como externos têm que receber um tratamento de acordo, que todo o contato sempre seja de forma educada, polida e atenciosa, evitando os tais desgastes de contendas desnecessárias. Volto a falar que todo o pessoal tem que estar treinado e apto a falar com os Clientes (internos e externos), tanto para relatar sobre qualquer reclamação, como na demonstração em habilidades interpessoais.

Os treinamentos vão demonstrar que o pessoal está consciente de suas responsabilidades e de suas funções em relação às reclamações, também sobre os procedimentos a seguir e quais informações prestar aos reclamantes. Para dentro de sua empresa, não se esqueça de divulgar as reclamações que tenham impactos significativos para ela. Com isso, procure tirar as lições aprendidas que podem ser utilizadas para outras peças ou serviços, evitando que se perca mais tempo e, em alguns casos, também mais dinheiro.

17 OS CLIENTES JAMAIS AMARÃO SUA EMPRESA ATÉ QUE SEUS EMPREGADOS A AMEM PRIMEIRO

Isso é um fato que atinge diretamente o seu Cliente como objetivo final, em que ele acaba sendo trocado por "primeiramente o lucro". Alguns anos atrás, eu assumi a direção de uma pequena empresa que estava prestes a fechar suas portas. Como havia muito a ser feito, trouxe todas as minhas forças em dois frontes de trabalho principais.

Um era conquistar novos e resgatar os Clientes, e o outro era montar e motivar os colaboradores que trabalhavam conosco. E assim foi, começamos conversando com essas duas peças que eu identifiquei como chaves para o desenvolvimento do meu trabalho naquele lugar.

Para os colaboradores, logo de cara, disse que eu trabalhava com a meritocracia, ou seja, além das responsabilidades que a empresa tinha com eles, eu pessoalmente estaria acompanhando o desenvolvimento e envolvimento de cada um dos empregados, pois se tratava de uma equipe pequena, que era fácil de acompanhar. Para mim, que estava acostumado a trabalhar com equipes com um bom número de colaboradores, não via dificuldades que pudesse prejudicar o trabalho.

E levando essa mensagem para os funcionários, deixei bem claro que eu estaria dirigindo a empresa de uma outra forma que eu sabia que daria certo para tirá-la da situação ruim em que se encontrava, porque eu iria trabalhar com o mesmo amor como se a empresa fosse minha, já que se tratava do lugar de onde eu estaria ganhando os recursos financeiros para manter minha vida e os da minha família.

Naquele momento da empresa, havia funcionário pedindo demissão, outro processando a empresa, outros só enrolando e produzindo muito pouco, sem contar os que não estavam nem aí com nada, e eram poucos os que realmente se empenhavam para trabalhar de forma correta, que no começo eram minha filha e filho, juntamente com um funcionário de confiança.

Enfim, começamos o trabalho de maneira que eu deixava a cada dia evidente nas minhas ações, que as palavras que eu havia pregado para eles era uma realidade, pois eu acompanhava tudo de perto, sempre os ouvindo e os envolvendo nos assuntos que lhes dizia respeito. Também em algumas decisões que eu precisei tomar, fiz questão de ouvi-los. Sem contar com os acordos que eu procurei fazer com os colaboradores que tinham processos em andamento, entre outras coisas.

A medida que o tempo avançava, os colaboradores perceberam também que aquele lugar era sagrado para eles e passaram a tratar realmente com amor o trabalho que faziam, não havia mais atrasos e a qualidade do produto passou a ser melhor, traziam opiniões sobre a economia de matéria-prima e se esforçavam para atender prazos.

O impacto disso no Cliente foi visivelmente grande! Sim, o praticamente único Cliente. Ao mesmo tempo, eu tinha que correr atrás dos Clientes, pois vários, na realidade quase todos, haviam deixado de fazer parte de nossa relação de Clientes há pelo menos três meses, e quando cheguei para iniciar o trabalho, eu estava apenas com um Cliente.

Elaborei um cronograma de visitação contendo uma quantidade de Clientes que eram "recém" desligados de nós, contendo também vários que eu estava tentando trazer para nossa empresa. Comecei uma série de visitas que vieram a ser correspondidas. E em todos as conversas eu era indagado se a minha gestão seria diferente da anterior, e os Clientes aproveitavam para reclamar dos erros anteriores e queriam saber como eu pretendia atendê-los.

É nessa hora que da mesma maneira que eu falava com meus colaboradores, também deixava claro para os Clientes que, além do plano de trabalho que lhes apresentava, com a atenção a prazos e o preço de nosso produto ser competitivo, nós estaríamos fazendo com amor nosso trabalho. Como já disse, assim os nossos colaboradores compraram a ideia e passaram a executar.

O resultado foi facilmente visto pelos Clientes que retornaram, houve indicação de novos Clientes por aqueles que já estavam contentes com nosso trabalho, e ainda conseguimos outros conforme a lista do meu cronograma de visitação.

Quando eu assumi a empresa, eu tive que focar no meu primeiro Cliente, que eram os próprios funcionários. Quando a equipe estava trabalhando com amor, foi fácil mostrar a diferença entre as gestões da mesma empresa, e dessa forma voltar a ter Clientes para comprar o nosso produto e fazer a empresa a andar.

Nesse caso, toda a diferença foi feita pelo empenho dos funcionários que trabalharam, demonstrando amor ao que faziam, e os Clientes passaram a olhar a empresa com mais respeito, pois viam nos produtos o resultado de um trabalho que apesar de dificuldades tinham um compromisso de ser bem feito.

18 O SEU CLIENTE TEM QUE ENTENDER O SEU VALOR

O título desse capítulo que vamos iniciar traz em si uma verdade que na maior parte das vezes, nas negociações comerciais, não são observadas. Quando alguém cria um produto e vai colocá-lo no mercado para ser comercializado, já visa o seu lucro. Esse empresário, uma vez que calculou os seus custos de projeto e fabricação, só pensa no lucro de sua venda, e com razão, obviamente.

Mas o que eu quero lhe dizer pegando a deixa dessa frase maravilhosa é que, quando o seu Cliente está no seu foco, a situação é diferente. A transação comercial se torna algo que o seu Cliente não questiona o valor por pensar que está pagando por algo que não vale o que se está sendo oferecido, e sim ele como empresa vai saber que o seu preço é justo devido a tudo que vem agregado com o que você está oferecendo.

Já presenciei várias negociações onde o pessoal do Cliente conversava entre si e nem questionava nada a mais do que se estava oferecendo naquele momento, e na própria reunião, chegou a abrir o preço passado pelo nosso concorrente, em que era visível que o nosso produto era aparentemente mais caro. Quando acabaram de falar as suas considerações, nos foi passado que nós iríamos executar o projeto, exatamente porque eles entendiam que o conjunto de fatores como prazo, qualidade e, principalmente, nesse caso da assistência de nossa ferramentaria, justificavam a execução do projeto.

E vou lhes dizer que isso foi conquistado muito tempo antes, quando não só com entrega de pedidos prontos, mas sim com o acompanhamento dos ferramenteiros que toda vez em que o Cliente acionava o departamento da Qualidade, entravam em ação conjuntamente. Isso levou ao Cliente entender que os custos eram justos e que, toda vez que acionasse o Fornecedor, não só seria bem atendido, como ele já sabe que o seu problema seria resolvido.

Então ele entende e passa a ter a noção dos valores, a famosa relação custo x benefício passa a ser levada em consideração e, fatalmente, o Cliente vai com certeza ficar com o produto que leva os valores agregados. Portanto, faça tudo para que o seu Cliente entenda o seu valor como um todo, não apenas do produto que você esteja ofertando, para isso o tenha em seu foco.

19 POR QUE SE PERDE UM CLIENTE?

Segundo os estudiosos do mundo corporativo, existem motivos sobre os porquês de se perder um Cliente. E eu achei bastante interessante, pois tem tudo a ver com o tema aqui abordado.

Faço então a pergunta: por que se perde um Cliente?

Por falecimento	1%
Mudança de endereço	5%
Amizades comerciais	5%
Vantagens em outras organizações	10%
Reclamações não atendidas	14%
Indiferença do pessoal que atende	65%

Se realmente esse estudo estiver correto, e eu creio que está, perceba que mais da metade dos motivos está unicamente em uma tremenda falta de FOCO no Cliente, pois indiferença do pessoal que atende implica em tudo aquilo que tem de errado dentro de uma empresa apresentado pelos seus colaboradores bem na cara dos seus Clientes. Temos a nítida mensagem de quem diz: "NÃO COMPRE AQUI".

Já começa com o que falamos sobre os colaboradores amarem a empresa onde trabalham. O mais comum é você ver as pessoas falando mal de onde trabalham, afinal podemos dizer que é da natureza humana o ato de reclamar, mas daí a fazer o Cliente sair e não voltar mais, a pessoa tem que tratar com indiferença mesmo.

E existem mesmo pessoas que, às vezes, mesmo sem querer, acabam por tomar atitudes que deixam os Clientes tão descontentes com o atendimento que não voltam, e com certeza podem falar mal para outras pessoas prejudicando mais ainda com uma propaganda negativa, de modo a arranhar a imagem da empresa.

Entrega de água

Vou lhes dar um exemplo bem simples que aconteceu comigo: outro dia, ao observar que o galão de água estava chegando ao final, meu sogro pediu que eu ligasse pedindo outro galão.

Então fiz como de costume, liguei no revendedor autorizado de uma determinada marca de água mineral para solicitar o galão, porém eu tinha uma certa pressa, pois eu já estava em cima da hora para sair para um compromisso e não havia mais ninguém que poderia fazer o pedido, todos já estavam em seus afazeres. Era uma sexta-feira e, coincidentemente, no sábado seria um feriado.

Então, por consequência disso, eu tinha que deixar a casa abastecida, afinal temos dois idosos, de maneira que eu queria fazer o pedido e ter a certeza da entrega, uma vez que se tratava de um fornecedor conhecido que faz entrega para nós há um certo tempo, bem como seus colaboradores, então pensei que seria uma tarefa fácil.

Fui atendido por uma moça que eu mal falei o nome e ela já me respondeu falando o meu endereço. Fiquei até espantado com a situação, ela me passou o valor, efetuou o pedido com bastante rapidez, e como já havia falado até o meu endereço, eu pensei em estar tudo certo. Desliguei o telefone, separei o dinheiro e fui acabar de me preparar para sair para o meu compromisso.

O SEGREDO ESTÁ NAS PESSOAS: FOCO NO CLIENTE

Depois de meia hora de espera, nada ainda de chegar o entregador, fiquei impaciente e aguardei mais uns quinze minutos e nada. Bom, tive que sair, deixei o dinheiro com o meu sogro e fui rapidamente ao meu compromisso. A noite quando cheguei em casa, cadê a água?! Não foi entregue, e já não dava para comprar em outro lugar, era tarde.

Pois bem, tive que comprar garrafas menores, e ficamos a sexta-feira a noite e o sábado sem o galão de água. Imagine como fiquei irritado com essa empresa de distribuição de água mineral. Na hora comentei com meu sogro que se houvesse outra que distribuísse aquela marca de água mineral, eu trocaria de imediato, independente de certas consequências.

Arrisquei ligar lá no domingo e por sorte fui atendido. Um homem atendeu o telefone e logo percebi que se tratava do dono do local. Quando eu falei o nome, ele de cara falou o endereço. Fiquei pensando "vai acontecer tudo de novo", mas antes que eu começasse a reclamar, ele me pediu desculpas e disse que houve uma falha por parte da moça que estava atendendo na sexta-feira, que estava apressada devido ao feriado, e que na hora em que fez o cadastro do meu pedido esqueceu de terminá-lo e não efetuaram a entrega.

Eu não gostei, mas não tinha opção de troca do fornecedor para o momento. Agora estou em busca de um novo fornecedor de água mineral. Por sorte ele abriu no domingo para exatamente atender aqueles Clientes que, por sua vez, nao haviam comprado água na sexta-feira e eu me encontrava nesse meio. Vejam, uma empresa pequena, cuja atendente estava preocupada com o seu feriado, deixou um Cliente insatisfeito. E será que foi só eu. Com certeza o foco dela, durante o período de trabalho na sexta-feira, não era o Cliente, mas sim a sua diversão no sábado.

Perceba que para essa moça era justo aproveitar um feriado, e na realidade é mesmo, afinal qual trabalhador nunca ficou ansioso com a chegada de um feriado para aproveitar com a família ou da melhor forma possível? Mas isso não pode interferir de forma negativa no trabalho de quem quer que seja, pois isso pode custar um Cliente. E novamente digo que, assim como eu, tenho certeza de que mais pessoas se irritaram com a empresa. Imagine você ficar aguardando algo que você precisa e nem imagina que não vai chegar. Isso é ruim demais!

É claro, e como já foi explicado anteriormente, que uma empresa para ser focada em seus Clientes tem que ter uma gestão voltada para isso, e vi muitos casos em que o empresário simplesmente dizia que era do jeito que ele queria e pronto.

Geralmente nesses casos, o empresário já tem receita satisfatória do ponto de vista dele e o resto é resto. Levam isso a tal ponto que o Cliente é tratado de qualquer forma, e nesses casos, são originados certos conflitos que são prejudiciais principalmente para os empregados que ficam em meio a uma batalha onde todos perdem, portanto, sempre é bom lembrar que se você é um gestor, tem que trazer a gerencia, direção ou até mesmo o patrão para ter essa visão focada no Cliente.

20 VOCÊ VISTO PELO SEU CLIENTE

Um comentário que eu achei muito interessante é sobre como o Cliente vê o seu fornecedor. E resume como funciona a lei mórbida do comércio.

Quando o Cliente gosta, você é bom:

Simplesmente o fornecedor de produto ou serviço não fez nada mais do que sua obrigação, ofereceu algo que agradou, alguém queria comprar alguma coisa ou precisava de algum tipo de serviço e foi atendido, então o Cliente sempre vai falar que o seu fornecedor é bom, e ponto final.

Quando o Cliente retorna, você é profissional:

Aí já começa uma relação comercial que aparentemente todos esperam, o chamado ganha-ganha, que você como fornecedor imagina que está tudo certo, pois acha que tem um Cliente fiel já que ele retorna para comprar novamente. Então, tudo o que tem de ser feito é simplesmente fazer tudo o que se vinha sendo feito para mantê-lo sempre satisfeito e assim retornando toda vez que ele precisar.

Quando o Cliente te indica, você é o melhor:

Lembra-se daquela história de imagem arranhada? Quando se comete um erro grave no qual o Cliente fica irritado com o fornecedor a ponto de passar para outros Clientes e Clientes potenciais marcando de forma negativa a empresa fornecedora? Pois é aqui é exatamente o contrário. Você como fornecedor fez um trabalho tão bem feito, os seus funcionários foram tão atenciosos, e enfim sua empresa superou todas as expectativas de forma que os seus Clientes indicam você para outros Clientes potenciais.

Eu já tive essa experiência e é extremamente gratificante, quando uma pessoa que você nunca viu chega até a sua empresa e lhe diz que ficou sabendo do seu trabalho através de alguém que comprou o seu produto ou um serviço que sua empresa realizou. E isso é exatamente o que ele está procurando ou que ele está precisando. Realmente isso é para poucos, simplesmente para que tem capacidade de fazer, só uma empresa Top é capaz de ser assim, simplesmente porque é focada no Cliente.

21 MINHA PRIMEIRA BICICLETA

Eu creio que a minha primeira experiência na tratativa entre Cliente e Fornecedor foi na minha infância, vejam vocês! No alto dos meus oito ou nove anos de idade, fui presenteado com o Top no que se diz respeito a brinquedos na época, minha primeira bicicleta! Ela foi comprada em uma das lojas de uma rede que hoje não existe mais, as lojas Arapuã. Vou contar-lhes a história da compra para chegar no ponto central dessa ilustração que faço agora.

Eu era órfão de pai e mãe. Fui criado pelos meus tios, então com a idade de oito para nove anos eles resolveram me dar uma bicicleta. E então, num belo dia, um dos meus tios me levou a uma das lojas Arapuã e efetuou a compra. Não preciso falar sobre minha alegria, euforia e contentamento com o presente, tanto é que eu fiquei atento a todos os detalhes, inclusive o que o vendedor falava, ou seja, me coloquei mesmo no lugar do Cliente, mesmo sem saber o que era isso, "o Cliente".

Porém, a entrega atrasou e passou do prazo combinado, e como eu já havia comentado com meus amigos da rua, todos já estavam sabendo e perguntando se era verdade ou não. Foi aí que eu quis fazer valer o meu direito de Cliente, arregimentei alguns amigos e fomos ao centro da cidade saber notícias sobre o meu precioso bem, afinal já havia passado do prazo.

Imaginem quando chegamos na loja! Um bando de meninos de bermudas e chinelos, fora alguns descalços querendo falar com um vendedor que sequer eu sabia o nome. Foi aí que um homem se aproximou do grupo e perguntou o que nos levava até a loja. Prontamente todos queriam falar, até que ele perguntou de quem era a bicicleta comprada. Foi quando falei que era minha, e o vendedor era um "cabeludo", com quem meu tio havia feito a compra.

Então, aquele homem nos levou até o vendedor que eu havia identificado, que confirmou a compra e mostrou o motivo do atraso e ainda informou o novo prazo, gastando conosco cerca de vinte minutos a meia hora do seu tempo, de maneira que eu e minha tropa saímos de lá felizes e prontos para aguardar ansiosamente a chegada da minha bicicleta.

Vejam o profissionalismo do vendedor que quis resolver a situação. Que, em um dia de trabalho normal com Clientes na loja, parou para atender um grupo de crianças, dando atenção total até que o problema fosse resolvido, com o detalhe de que a venda havia sido feita por outro vendedor.

Não preciso dizer que minha família foi Cliente dessa rede de lojas enquanto ela existiu. Só porque o vendedor (ou fornecedor) viu em alguém o interesse de adquirir algo, mesmo que não fosse um comprador efetivamente no momento, mas que potencialmente viria a fazer compras assim que fosse habilitado para isso.

22 O RESPEITO COM O CLIENTE

O respeito com o Cliente tem que sempre ser levado em consideração, e isso não é novidade para ninguém, como sempre foi dito "o Cliente satisfeito sempre retorna", entre outras, mas o que eu estou indicando tentando mostrar é que não basta pensar ou simplesmente dizer, tem que fazer com que esse respeito realmente aconteça.

Quando falamos de indústria, geralmente o patrão ou diretor da corporação ou o CEO da empresa, ou até mesmo os gerentes supervisores estão focados em faturar, e por isso esquecem que, se não produzirem ou alguém não comprar, não haverá faturamento.

Esse respeito com o Cliente deve ser entendido por quem realmente quer fazer sua empresa ou negócio progredir, pois quem já tem essa visão, colhe bons resultados que garantem a sobrevivência em épocas de crise e enriquecimento em épocas de pujança. E isso já é praticado nos mais diferentes meios.

Outro dia eu estava assistindo ao noticiário esportivo e vi um dirigente de futebol dizer com toda as letras a seguinte frase: "quem vende e não entrega, é o pior vendedor do mundo". Óbvio que ele estava se referindo ao meio futebolístico, em que um outro dirigente de uma equipe rival faltou com a palavra em uma transação entre jogadores.

Já no meio religioso, falo com propriedade por me julgar um Cristão. O Senhor Jesus Cristo, quando iniciou o seu ministério, não era conhecido. E até o lugar de onde ele vinha possuía descrédito por parte das pessoas a quem Ele queria alcançar. Um deles disse a seguinte frase: "pode vir alguma coisa boa de Nazaré?".

Mas o Senhor Jesus foi vendendo sua mensagem a todos que poderiam comprar suas ideias, tanto para os judeus que era o seu povo, como também pregando para os samaritanos e demais pessoas que não eram aceitos pelos judeus. E aí que foi o diferencial, tudo que Jesus pregou, cumpriu com amor e atenção, com firmeza e rigidez, incluindo um bônus que eram os milagres por *Ele* realizado, que beneficiaram muitas pessoas.

O Seu foco sempre foi anunciar a salvação da humanidade através do seu sacrifício na cruz que *Ele* cumpriu, e mesmo depois de sua morte os seus seguidores continuaram a crescer, se tornando uma das maiores religiões de todos os tempos, graças a atenção que Jesus e todos os que vieram depois, inclusive nos dias atuais tiveram, e tem o total respeito com os seus seguidores que eram seus "Clientes".

Saindo do meio religioso, eu só quis dar um exemplo de que o foco em seu público alvo, que é o seu Cliente, se aplica a quase todos os segmentos, para não dizer a todos. Portanto, se dermos a atenção e respeito a todos que enxergamos como Clientes, as relações melhoram, e muito, em vários setores de nossa vida.

23 CONSIDERAÇÕES FINAIS

Com esta obra eu quis compartilhar algumas experiências de minha vida profissional que me ajudaram a enfrentar grandes desafios. Os fatos ocorreram veridicamente e que, a princípio, chegaram a ser até assustadores. Tanto é que, quando eu fui entrevistado para assumir a gestão da Qualidade de uma dessas empresas, o gerente geral falou em tom desanimador sobre o tamanho do desafio.

E realmente foi o maior desafio profissional que eu já tive, pois se tratava não só de assumir ou organizar um departamento de uma empresa, mas sim de apagar os arranhões na imagem da empresa junto às grandes montadoras da época, e também de migrar de certificação da extinta norma QS para a ISO / TS 16949, o pessoal mais antigo da linha automotiva sabe o tamanho da "encrenca". Foi uma briga muito boa e hoje sinto saudades.

E espero que você, caro leitor, possa se beneficiar destas experiências e se encorajar a lidar bem com esse personagem fundamental para qualquer empresa: o CLIENTE.

REFERÊNCIAS

ABNT ISO/TS 16949 Sistema de Gestão da Qualidade-Requisitos Particulares Para Aplicação da ABNT NBR ISO 9001:2008 Para Organizações de Produção Automotiva e Peças de Reposição Pertinente. Segunda edição 07.02.2010, válida a partir de 07.01.2011.

ABNT NBR ISO 10002: Gestão da Qualidade-Satisfação do Cliente--Diretrizes Para o Tratamento Nas Organizações, primeira edição 30.12.2005, válida a partir de 30.01.2006.

QUALITY Sistem Requirements QS-9000. Primeira Edição Agosto, 1994.